La Escuela Moderna

Francisco Ferrer

La Escuela Moderna

ARTE DE PENSAR

1ª edición de 1908
Imagen de portada: cubierta del *Boletín de la Escuela Moderna*, año V, nº 4, 31 de diciembre de 1905
Edita: Editorial Doble J
Stargarderstr. 74, 10437 Berlín
Rosario Cañizares 11, 21200 Aracena
ISBN: 978-84-935264-1-2

Índice

I. Explicación preliminar 1
II. La señorita Meunier 7
III. Responsabilidad aceptada 13
IV. Programa primitivo 21
V. Coeducación de ambos sexos 27
VI. Coeducacion de las clases sociales 35
VII. Higiene escolar 41
VIII. El profesorado 55
IX. La renovación de la escuela 63
X. Ni premio ni castigo 73
XI. Laicismo y biblioteca 83
XII. Conferencias dominicales 105
XIII. Resultados positivos 111
XIV. En legítima defensa 123
XV. Ingenuidad infantil 135
XVI. Boletín de la Escuela Moderna 153
XVII. Clausura de la escuela moderna 169

I. Explicación preliminar

Mi participación en las luchas de fines del pasado siglo sometieron a prueba mis convicciones.

Revolucionario inspirado en el ideal de justicia, pensando que la libertad, la igualdad y la fraternidad eran el corolario lógico y positivo de la República, y, dominado por el prejuicio generalmente admitido, no viendo otro camino para la consecución de aquel ideal que la acción política, precursora de la transformación del régimen gubernamental, a la política republicana dediqué mis afanes.

Mi relación con D. Manuel Ruiz Zorrilla, que podía considerarse como centro de acción revolucionaria, me puso en contacto con muchos revolucionarios españoles y con muchos y notables republicanos franceses, y su frecuentación me causó gran desengaño: en muchos vi egoísmos hipócritamente disimulados; en otros que reconocí como más sinceros sólo hallé ideales insuficientes, en ninguno reconocí el propósito de realizar una transformación radical que, descendiendo hasta lo profundo de las causas, fuera garantía de una perfecta regeneración social.

La experiencia adquirida durante mis quince años de residencia en París, en que presencié las crisis del boulangismo, del dreyfusismo y del nacionalismo, que constituyeron un peligro para la República, me convencieron de que el problema de la educación popular no se hallaba resuelto, y no estándolo en Francia, no podía esperar que lo resolviera el republicanismo español, toda vez que siempre había demostrado deplorable desconocimiento de la capital importancia que para un pueblo tiene el sistema de educación.

Imagínese lo que sería la presente generación si el partido republicano español, después del destierro de Ruiz Zorrilla, se hubiera dedicado a fundar escuelas racionalistas al lado de cada comité, de cada núcleo librepensador o de cada logia masónica; si en lugar de preocuparse los presidentes, secretarios y vocales de los comités del empleo que habrían de ocupar en la futura república hubieran trabajado activamente por la instrucción popular, cuánto se hubiera adelantado durante treinta años en las escuelas diurnas para niños y en las nocturnas para adultos.

¿Se contentaría en ese caso el pueblo enviando diputados al Parlamento que aceptan una ley de Asociaciones presentada por los monárquicos?

¿Se limitaría el pueblo a promover motines por la subida del precio del pan, sin rebelarse contra las privaciones impuestas al trabajador a causa de la abundancia de lo superfluo de que gozan los enriquecidos con el trabajo ajeno?

¿Haría el pueblo raquítico motines contra los consumos en vez de organizarse para la supresión de todo privilegio tiránico?

Mi situación como profesor de idioma español en la Asociación Filotécnica y en el G. O. de Francia me puso en contacto con personas de todas clases, tanto en concepto de carácter propio como en el de su posición social, y examinadas con la idea de ver que prometían respecto de influir en el gran conjunto, sólo ví gente dispuesta a sacar el mejor partido posible de la vida en sentido individual: unos estudiaban el idioma español para proporcionarse un avance en su profesión, otros para estudiar la literatura española y perfeccionarse en su carrera, algunos hasta para proporcionarse mayor intensidad en sus placeres viajando por los países en que se habla el idioma.

La Escuela Moderna

A nadie chocaba el absurdo dominante por la incongruencia que existe entre lo que se cree y lo que se sabe, ni nadie apenas se preocupaba de dar una forma racional y justa a la solidaridad humana, que diera a todos los vivientes en cada generación la participación correspondiente en el patrimonio creado por las generaciones anteriores.

Ví el progreso entregado a una especie de fatalidad, independiente del conocimiento y de la bondad de los hombres, y sujeto a vaivenes y accidentes en que no tiene participación la acción de la conciencia ni de la energía humanas. El individuo, formado en la familia con sus desenfrenados atavismos, con los errores tradicionales perpetuados por la ignorancia de las madres, y en la escuela con algo peor que el error, que es la mentira sacramental impuesta por los que dogmatizan en nombre de una supuesta revelación divina, entraba en la sociedad deformado y degenerado, y no podía exigirse de él, por lógica relación de causa a efecto, más que resultados irracionales y perniciosos.

Mi trato con las personas de mi relación, inspirado siempre en la idea de proselitismo, se dirigía a juzgar la utilidad de cada una desde el punto de vista de mi ideal, y no tardé en convencerme de que con los políticos que rodeaban a D. Manuel no se podía contar para nada; a mi juicio, perdónenme las honrosas excepciones, eran arrivistas impenitentes. Esto dió lugar a cierta expresión que, circunstancias graves y tristes para mí, quiso explotar en mi perjuicio la autoridad judicial. D. Manuel, hombre de alteza de miras y no suficientemente prevenido contra las miserias humanas, solía calificarme de anarquista cada vez que me veía exponer una solución lógica, y por tanto radical siempre, opuesta a los arbitrios oportunistas y a los radicalismos de oropel que presentaban los revolucionarios españoles que le asediaban y aun explotaban, lo mismo que a los republicanos franceses, que seguían una política de beneficio positivo para la burguesía y que huían de lo que pudiera beneficiar al proletariado desheredado, pretextando mantenerse a distancia de toda utopía.

Resumiendo y concretando: durante los primeros años de la restauración conspiraron con Ruiz Zorrilla hombres que después se han manifestado convencidos monárquicos desde el banco azul; y aquel hombre digno que mantenía viva la protesta contra el golpe de Estado del 3 de enero de 1874, cándido por demasiado honrado, se confió a aquellos falsos amigos, resultando lo que con harta frecuencia resulta entre políticos, que la mayoría abandonó al caudillo republicano para aceptar una cartera o un puesto elevado, y sólo pudo contar con la adhesión de los que por dignidad no se venden, pero que por preocupaciones carecen de lógica para elevar su pensamiento y su energía para activar su acción.

A no haber sido por Asensio Vega, Cebrián, Mangado, Villacampa y pocos más, D. Manuel hubiera sido juguete durante muchos años de ambiciosos y especuladores disfrazados de patriotas.

En su consecuencia limité mi acción a mis alumnos, escogiendo para mis experimentos a aquellos que me parecieron más apropiados y mejor dispuestos.

Con la percepción clara del fin que me proponía, y en posesión de cierto prestigio que me daba mi posición de maestro y mi carácter expansivo, cumplidos mis deberes profesionales, hablaba con mis alumnos de diversos asuntos; unas veces sobre costumbres españolas, otra sobre política, religión, arte, filosofía, y siempre procuraba rectificar los juicios emitidos en lo que pudieran tener de exagerados o de mal fundados, o bien hacía resaltar el inconveniente que existe en someter el criterio propio al dogma de secta, de escuela o de partido, lo que por desgracia está tan generalizado, y de ese modo obtenía con cierta frecuencia que individuos distanciados por su credo particular, después de discutir, se acercasen y concordasen, saltando sobre creencias antes indiscutidas, y aceptadas por fe, por obediencia o por simple acatamiento servil, y por ello mis amigos y alumnos se sentían dichosos por haber abandonado un error vergonzoso y haber aceptado una verdad cuya posesión eleva y dignifica.

La severidad de la lógica, aplicada sin censura y con oportunidad, limó asperezas fanáticas, estableció concordias intelectuales y quién sabe hasta qué punto determinó voluntades en sentido progresivo. Librepensadores opuestos a la Iglesia y que transigían con las aberraciones del Génesis, con la inadecuada moral del Evangelio y hasta con las ceremonias eclesiásticas; republicanos más o menos oportunistas o radicales que se contentaban con la menguada igualdad democrática que contiene el título de ciudadanía, sin afectar lo más mínimo a la diferencia de clases; filósofos que pretendían haber descubierto la causa primordial entre laberintos metafísicos, fundando la verdad sobre una vana fraseología, todos pudieron ver el error ajeno y el propio; todos o la mayor parte se orientaron hacia el sentido común.

Llevado por las alternativas de mi vida lejos de aquellos amigos, algunos me enviaron la expresión de su amistad al fondo del calabozo donde esperaba la libertad confiado en mi inculpabilidad; de todos espero buena y eficaz acción progresiva, satisfecho por haber sido la causa determinante de su racional orientación.

II. La señorita Meunier

Entre mis alumnos e contaba la señorita Meunier, dama rica, sin familia, muy aficionada a los viajes, que estudiaba el español con la idea de realizar un viaje a España.

Católica convencida y observante escrupulosamente nimia, para ella la religión y la moral eran una misma cosa, y la incredulidad, o la impiedad, como se dice entre creyentes, era señal evidente de inmoralidad, libertinaje y crimen.

Odiaba a los revolucionarios, confundía con el mismo inconsciente e irreflexivo sentimiento todas las manifestaciones de la incultura popular, debido entre otras causas de educación y de posición social, a que recordaba rencorosamente que en los tiempos de la *Commune* había sido insultada por los pilluelos de París yendo a la iglesia en compañía de su mamá.

Ingenua y simpática y poco menos que sin consideración alguna a antecedentes, accesorios y consecuencias, exponía siempre sin reserva lo absoluto de su criterio, y muchas veces tuve ocasión de hacerle observar prudentemente sus erróneos juicios.

En nuestras frecuentes conversaciones evité dar a mi criterio un calificativo, y no vió en mí el partidario ni el sectario de opuesta creencia, sino un razonador prudente con quien tenía gusto en discutir.

Formó de mí tan excelente juicio que, falta de afectos íntimos por su aislamiento, me otorgó su amistad y absoluta confianza, invitándome a que la acompañara en sus viajes. Acepté la oferta y viajamos por diversos países, y con mi conducta y nuestras conversaciones tuvo un gran desengaño, viéndose obligada a reconocer que no todo irreligioso es un perverso ni todo ateo un criminal empedernido, toda vez que yo, ateo convencido, resultaba una demostración viviente contraria a su preocupación religiosa.

Pensó entonces que mi bondad era excepcional, recordando que se dice que toda excepción confirma la regla; pero ante la continuidad y la lógica de mis razonamientos hubo de rendirse a la evidencia; y si bien respecto de religión le quedaron dudas, convino en que una educación racional y una enseñanza científica salvarían a la infancia del error, darían a los hombres la bondad necesaria y reorganizarían la sociedad en conformidad con la justicia.

Le impresionó extraordinariamente la sencilla consideración de que hubiera podido ser igual a aquellos pilluelos que la insultaron si a su edad se hubiera hallado en las mismas condiciones que ellos. Así como, dado su prejuicio de las ideas innatas, no pudo resolver a su satisfacción este problema que le planteé: Suponiendo unos niños educados fuera de todo contacto religioso, ¿qué tendrían de la divinidad al entrar en la edad de la razón?

Llegó un momento que me pareció que se perdía el tiempo si de las palabras no se pasaba a las obras. Estar en posesión de un privilegio importante, debido a lo imperfecto de la organización de la sociedad y al azar del nacimiento, concebir ideas regeneradoras y permanecer en la inacción y en la indiferencia en medio de una vida placentera, me parecía incurrir en una responsabilidad análoga a la en que incurriría el que viendo a un semejante en peligro e imposibilitado de salvarse no le tendiera la mano. Así dije un día a la señorita Meunier:

—Señorita: hemos llegado a un punto en que es preciso determinarnos a buscar una orientación nueva. El mundo necesita de nosotros, reclama nuestro apoyo, y en conciencia no podemos negárselo. Paréceme que emplear en comodidad y placeres recursos que forman parte del patrimonio universal, y que servirían para fundar una institución útil y reparadora, es cometer una defraudación, y esto, ni en concepto de creyente ni en el de librepensador puede hacerse. Por tanto, anuncio a usted que no puede contar conmigo para los viajes sucesivos. Yo me debo a mis ideas y a la humanidad, y pienso que usted, sobre todo desde que ha reemplazado su antigua fe por un criterio racional, debe sentir igual deber.

Esta decisión le sorprendió, pero reconoció su fuerza, y sin más excitación que su bondad natural y su buen sentido, concedió los recursos necesarios para la creación de una institución de enseñanza racional: la Escuela Moderna, creada ya en mi mente, tuvo asegurada su realización por aquel acto generoso.

Cuanto ha fantaseado la maledicencia sobre este asunto, desde que me ví obligado a someterme a un interrogatorio judicial, es absolutamente calumnioso.

Se ha supuesto que ejercí sobre la señorita Meunier poder sugestivo con un fin egoísta; y esta suposición, que puede ofenderme, mancilla la memoria de aquella digna y respetable señorita y es contraria a la verdad.

Por mi parte no necesito justificarme. Confío mi justificación a mis actos y a mi vida, al severo juicio de los imparciales; pero la señorita Meunier es merecedora del respeto de las personas de recta conciencia, de los emancipados de la tiranía dogmática y sectaria, de los que han sabido romper todo pacto con el error, de los que no someten la luz de la razón a las sombras de la fe ni la digna altivez de la libertad a la vil sumisión de la obediencia.

Ella creía con fe honrada: se le había enseñado que entre la criatura y el criador había una jerarquía de mediadores a quienes debía obedecer, y una serie de misterios, compendiados en los dogmas impuestos por una corporación denominada la Iglesia, instituída por un dios, y en esa creencia descansaba con perfecta tranquilidad.

Oyó mis manifestaciones, consideraciones y consejos, no como indicaciones directas, sino como natural respuesta y réplica a sus intentos de proselitismo; y vió luego que, por falta de lógica, puesto que anteponía la fe a la razón, fracasaban sus débiles razonamientos ante la fuerte lógica de los míos.

No pudo tomarme por un demonio tentador, toda vez que de ella partió el ataque a mis convicciones, sino que hubo de considerarse vencida en la lucha entre su fe y su misma razón, despertada por efecto, de la imprudencia de negar la fe de un contrario a sus creeencias y querer atraérsele.

En su ingenua sencillez llegó a disculpar a los pilluelos comunalistas como míseros e ineducados, frutos de perdición, gérmenes del crimen y perturbadores del orden social por culpa del privilegio, el cual, frente a tanta desgracia, permite que vivan improductivos y disfrutando de grandes riquezas otros no menos perturbadores que explotan la ignorancia y la miseria, y pretenden seguir gozando eternamente, en una vida ultraterrena, los placeres terrenales mediante el pago de ceremonias rituales y obras de caridad.

El premio a la virtud fácil y el castigo al pecado imposible de rechazar sublevó su conciencia y enfrió su religiosidad, y, queriendo romper su cadena atávica que tanto dificulta toda renovación, quiso contribuir a la institución de una obra redentora que pondría a la infancia en contacto con la naturaleza y en condiciones de utilizar sin el menor desperdicio el caudal de conocimientos que la humanidad viene adquiriendo por el trabajo, el estudio, la observación y la metodización de las generaciones en todo tiempo y lugar.

De ese modo, pensó que por obra de una sabiduría infinita oculta a nuestra inteligencia tras el misterio, o por el saber humano, obtenido por el dolor, la contradicción y la duda, lo que haya de ser será, quedándole como satisfacción íntima y justificación de conciencia la idea de haber contribuído con la cesión de parte de sus bienes a una obra extraordinariamente trascendental.

III. Responsabilidad aceptada

En posesión de los medios necesarios a mi objeto, pensé sin pérdida de tiempo en llevarle a la práctica.

Llegado el caso de haber de salir de las vaguedades de una aspiración no bien definida aun, hube de pensar en precisarla, hacerla viable, y al efecto, reconociendo mi competencia respecto de la técnica pedagógica, pero no confiando demasiado en las tendencias progresivas de los pedagogos titulares, considerándolos ligados en gran parte por atavismos profesionales o de otra especie, me dediqué a buscar la persona competente que por sus conocimientos, su práctica y su elevación de miras coincidiera con mis aspiraciones y formulara el programa de la Escuela Moderna que yo había concebido y que había de ser, no el tipo perfecto de la futura escuela de la sociedad razonable, sino su precursora, la posible adaptación racional al medio, es decir, la negación positiva de la escuela del pasado perpetuada en lo presente, la orientación verdadera hacia aquella enseñanza integral en que se iniciará a la infancia de las generaciones venideras, en el más perfecto esoterismo científico.

Persuadido de que el niño nace sin idea preconcebida, y de que adquiere en el transcurso de su vida las ideas de las primeras personas que le rodean, modificándolas luego por las comparaciones que de ellas hace y según sus lecturas, observaciones y relaciones que le procura el ambiente que le rodea, es evidente que si se educara al niño con nociones positivas y verdaderas de todas las cosas, y se le previniera que para evitar errores es indispensable que no se crea nada por fe sino por experiencia y por demostración racional, el niño se haría observador y quedaría preparado para toda clase de estudios.

Hallada la persona buscada, mientras ésta trazaba las primeras líneas del plan para su realización, se practicaron en Barcelona las diligencias necesarias para la creación del establecimiento: designación del local, su preparación, compra del material, su colocación, personal, anuncios, prospectos, propaganda, etc., y en menos de un año, a pesar del abuso de confianza de cierto sujeto que aceptó mi encargo y me puso en grave peligro de fracaso, todo quedó dispuesto, siendo de notar que al principio hube de luchar con no pocas dificultades, presentadas, no por los enemigos de la enseñanza racional, sino por cierta clase de arbitristas que me ofrecían como producto de su saber y de su experiencia indicaciones y consejos que no podían considerarse más que como manifestación de sus preocupaciones. Así, por ejemplo, hubo quien, inspirado en mezquindades de patriotismo regional, me propuso que la enseñanza se diera en catalán empequeñeciendo la humanidad y el mundo a los escasos miles de habitantes que se contienen en el rincón formado por parte del Ebro y los Pirineos. Ni en español la establecería yo -contesté al fanático catalanista, -si el idioma universal, como tal reconocido, lo hubiera ya anticipado el progreso. Antes que el catalán, cien veces el esperanto.

Este incidente me confirmó más y más en mi propósito de no someter lo culminante de mi plan al prestigio de personas ilustradas, que con toda su fama no adelantan un paso voluntariamente en la vía progresiva.

Me sentía bajo el peso de una responsabilidad libremente aceptada y quise cumplirla a satisfacción de mi conciencia.

Enemigo de la desigualdad social, no me limité a lamentarla en sus efectos, sino que quise combatirla en sus causas, seguro de que

La Escuela Moderna

de ese modo se ha de llegar positivamente a la justicia, es decir, a aquella ansiada igualdad que inspira todo afán revolucionario.

Si la materia es una, increada y eterna; si vivimos en un cuerpo astronómico secundario, inferior a incontable número de mundos que pueblan el espacio infinito, como se enseña en la Universidad y pueden saber los privilegiados que monopolizan la ciencia universal, no hay razón ni puede haber pretexto para que en la escuela de primeras letras, a que asiste el pueblo cuando puede asistir a ella, se enseñe que Dios hizo el mundo de la nada en seis días, ni toda la colección de absurdos de la leyenda religiosa.

La verdad es de todos y socialmente se debe a todo el mundo. Ponerle precio, reservarla como monopolio de los poderosos, dejar en sistemática ignorancia a los humildes y, lo que es peor, darles una verdad dogmática y oficial en contradicción con la ciencia para que acepten sin protesta su ínfimo y deplorable estado, bajo un régimen político democrático es una indignidad intolerable, y, por mi parte, juzgo que la más eficaz protesta y la más positiva acción revolucionaria consiste en dar a los oprimidos, a los desheredados y a cuantos sientan impulsos justicieros esa verdad que se les estafa, determinante de las energías suficientes para la gran obra de la regeneración de la sociedad.

He aquí la primera noticia de la existencia de la Escuela Moderna lanzada al público:

PROGRAMA

La misión de la Escuela Moderna consiste en hacer que los niños y niñas que se le confíen lleguen a ser personas instruidas, verídicas, justas y libres de todo prejuicio.

Para ello, sustituirá el estudio dogmático por el razonado de las ciencias naturales.

Excitará, desarrollará y dirigirá las aptitudes propias de cada alumno, a fin de que con la totalidad del propio valer individual no sólo sea un miembro útil a la sociedad, sino que, como consecuencia, eleve proporcionalmente el valor de la colectividad.

Enseñará los verdaderos deberes sociales, de conformidad con la justa máxima: *No hay deberes sin derechos; no hay derechos sin deberes.* En vista del buen éxito que la enseñanza mixta obtiene en el extranjero, y, principalmente, para realizar el propósito de la Escuela Moderna, encaminado a preparar una humanidad verdaderamente fraternal, sin categoría de sexos ni clases, se aceptarán niños de ambos sexos desde la edad de cinco años.

Para completar su obra, la Escuela Moderna se abrirá las mañanas de los domingos, consagrando la clase al estudio de los sufrimientos humanos durante el curso general de la historia y al recuerdo de los hombres eminentes en las ciencias, en las artes o en las luchas por el progreso.

A estas clases podrán concurrir las familias de los alumnos.

Deseando que la labor intelectual de la Escuela Moderna sea fructífera en lo porvenir, además de las condiciones higiénicas que hemos procurado dar al local y sus dependencias, se establece una inspección médica a la entrada del alumno, de cuyas observaciones, si se cree necesario, se dará conocimiento a la familia para los efectos oportunos, y luego otra periódica, al objeto de evitar la propagación de enfermedades contagiosas durante las horas de vida escolar.

En la semana que precedió la inauguración de la Escuela Moderna, invité a la prensa local que visitara su instalación para su anuncio al público, y como recuerdo y hasta como documento histórico, incluyo la siguiente reseña que del acto dió *El Diluvio*:

La Escuela Moderna

ESCUELA MODERNA

Galantemente invitados, tuvimos el gusto de asistir a la inauguración de la nueva escuela que bajo el expresado título se ha instalado en la calle de Bailén. El porvenir ha de brotar de la escuela. Todo lo que se edifique sobre otra base es construir sobre arena. Mas, por desgracia, la escuela puede lo mismo servir de cimiento a los baluartes de la tiranía que a los alcázares de la libertad. De este punto de partida arrancan así la barbarie como la civilización.

Por esto nos congratulamos al ver que hombres patriotas y humanitarios, comprendiendo la trascendencia de esta función social, que nuestros gobiernos tienen sistemáticamente preterida y los pueblos confiada a sus eternos enemigos, se adelantan a llenar tan sensible vacío, creando la Escuela Moderna, la verdadera escuela, que no puede consistir en la satisfacción de intereses sectarios y rutinas petrificadas, como ha sucedido hasta el presente, sino en la creación de un ambiente intelectual donde las generaciones recién llegadas a la vida, se saturen de todas las ideas, de todos los adelantos que aporta sin cesar la corriente del progreso.

Mas esta finalidad no puede lograrse sino por la iniciativa privada. Las instituciones históricas, contaminadas con todos los vicios del pasado y las pequeñeces del presente, no pueden llenar esta hermosa función. A las almas nobles, a los corazones altruistas, está reservado abrir la nueva senda por donde se han de deslizar las nuevas generaciones a más felices destinos.

Esto han hecho, o por lo menos intentan, los fundadores de la modesta Escuela Moderna, que hemos tenido ocasión de visitar galantemente invitados por los que han de regirla y por los que se interesan en su desenvolvimiento. No se trata de una explotación industrial, como en la mayor parte de las exhibiciones de esta índole, sino de un ensayo pedagógico, cuyo tipo sólo encontraríamos en la Institución libre de enseñanza que existe en Madrid, si lo hubiésemos de buscar en nuestra patria.

Brillantemente lo expuso el Sr. Salas Antón en el discurso-programa que en tono familiar pronunció ante el pequeño núcleo de periodistas y personas que asistieron a la pequeña fiesta de la exhibición del local donde habrá de desarrollarse el trascendental pensamiento de educar a la niñez en toda la verdad y sólo en la verdad, o lo que como tal esté demostrado. Nos limitaremos a recordar, como idea culminante entre las que oportunamente dijo dicho señor, que no se trata de crear un ejemplar más de lo que hasta hoy se ha conocido aquí con el nombre de Escuela laica, con sus apasionados dogmatismos, sino un observatorio sereno, abierto a los cuatro vientos, donde ninguna nube obstruya el horizonte ni se interponga a la luz del humano conocimiento.

Excusado es, por consiguiente, decir que en la Escuela Moderna tendrán representación proporcionada todos los conocimientos de carácter científico, servidos por los más progresivos métodos que hoy conoce la Pedagogía, así como por los instrumentos y aparatos que son las alas de la ciencia y el medio conductor más potente para obrar en la inteligencia de los educandos. Como la más compendiosa fórmula se puede decir que las lecciones de cosas sustituirán allí a las lecciones de palabras, que tan amargos frutos han dado en la educación de nuestros compatriotas.

Basta echar una ojeada por las modestas salas de aquel establecimiento incipiente para convencerse de que ofrecen condiciones a propósito para cumplir tan valiosa promesa. El material, tan descuidado en la enseñanza de nuestro país, tanto oficial como privada, se halla en la nueva Escuela representado por láminas de fisiología vegetal y animal, colecciones de mineralogía, botánica y zoología; gabinete de física y laboratorio especial; máquina de proyecciones; substancias alimenticias, industriales, minerales, etcétera; con cuyos auxiliares y la dirección esmerada de profesores empapados del espíritu de nuestro tiempo, como entre otros el conocido ex periodista señor Columiber, puede esperarse que haya nacido, por lo menos en germen, la escuela del porvenir. Ahora sólo falta que tenga imitadores.

IV. Programa primitivo

Llegó el momento de pensar en la inauguración de la Escuela Moderna. Algún tiempo antes invité a un corto número de señores conocidos como ilustrados, progresivos y de honorabilísima reputación, para que tuvieran a bien guiarme con sus consejos, constituyéndose por su benévola aceptación en Junta Consultiva. De gran utilidad me fue su concurso en Barcelona, donde yo tenía escasas relaciones, por lo que me complazco en consignar aquí mi reconocimiento. En aquella junta se manifestó la idea de inaugurar con ostentación la Escuela Moderna, lo que hubiera sido de buen efecto: con un cartel llamativo, un reclamo-circular en la prensa, un gran local, una música y un par de oradores elocuentes, escogidos entre la juventud política de los partidos liberales, todo ello facilísimo de conseguir, había material de sobra para reunir algunos cientos de espectadores que ovacionaran con ese entusiasmo fugaz con que suelen adornarse nuestros actos públicos; pero no me seducían tales ostentaciones. Tan positivista como idealista, quería yo empezar con modesta sencillez una obra destinada a alcanzar la mayor trascendencia revolucionaria; otro procedimiento hubiérame parecido una claudicación, una sumisión al enervante convencionalismo, una concesión al mismo mal que a todo trance quería reparar con un bien de efecto y de éxito segurísimos; la proposición de la Consultiva fue, pues, desechada por mi conciencia y mi voluntad, que en aquel caso y para todo lo referente a la Escuela Moderna, representaba una especie de poder ejecutivo.

En el primer número del *Boletín de la Escuela Moderna*, publicado el 30 de octubre de 1901, expuse en términos generales el fundamento de la Escuela Moderna.

Los productos imaginativos de la inteligencia, los conceptos *a priori*, todo el fárrago de elucubraciones fantásticas tenidas por verdad e impuestas hasta el presente como criterio director de la conducta del hombre, han venido sufriendo, desde muchísimo tiempo, pero en círculo reducido, la derrota por parte de la razón y el descrédito de la conciencia.

A la hora presente, el sol no tan sólo cubre las cimas, estamos en casi luz meridiana que invade hasta las faldas de las montañas. La ciencia, dichosamente, no es ya patrimonio de un reducido grupo de privilegiados; sus irradiaciones bienhechoras penetran con más o menos conciencia por todas las capas sociales. Por todas partes disipa los errores tradicionales; con el procedimiento seguro de la experiencia y de la observación, capacita a los hombres para que formen exacta doctrina, criterio real, acerca de los objetos y de las leyes que los regulan, y en los momentos presentes, con autoridad inconcusa, indisputable, para bien de la humanidad, para que terminen de una vez para siempre exclusivismos y privilegios, se constituye en directora única de la vida del hombre, procurando empaparla de un sentimiento universal, humano.

Contando con modestas fuerzas, pero a la vez con una fe racional poderosa y con una actividad que está muy lejos de desmayar, aunque se le opongan circunstancias adversas de toda clase, se ha constituido la Escuela Moderna. Su propósito es coadyuvar rectamente, sin complacencias con los procedimientos tradicionales, a la

La Escuela Moderna

enseñanza pedagógica basada en las ciencias naturales. Este método nuevo, pero el únicamente real y positivo, ha cuajado por todos los ámbitos del mundo civilizado, y cuenta con innúmeros obreros, superiores de inteligencia y abnegados de voluntad.

No ignoramos los enemigos que nos circundan. No ignoramos los prejuicios sin cuento de que está impregnada la conciencia social del país. Es hechura de una pedagogía medieval subjetiva, dogmática, que ridículamente presume de un criterio infalible. No ignoramos tampoco que, por ley de herencia, confortada por las sugestiones del medio ambiente, las tendencias pasivas que ya son connaturales de suyo en los niños de pocos años, se acentúan en nuestros jóvenes con extraordinario relieve.

La lucha es fuerte, la labor es intensa, pero con el constante y perpetuo querer, única providencia del mundo moral, estamos ciertos que obtendremos el triunfo que perseguimos; que sacaremos cerebros vivos capaces de reaccionar; que las inteligencias de nuestros educandos, cuando se emancipen de la racional tutela de nuestro Centro, continuarán enemigas mortales de los prejuicios; serán inteligencias sustantivas, capaces de formarse convicciones razonadas, propias, suyas, respecto a todo lo que sea objeto del pensamiento.

Esto no quiere decir que abandonaremos al niño, en sus comienzos educativos, a formarse los conceptos por cuenta propia. El procedimiento socrático es erróneo si se toma al pie de la letra. La misma constitución de la mente, al comenzar su desarrollo, pide que la educación, en esa primera edad de la vida tenga que ser receptiva. El profesor siembra las semillas de las ideas, y éstas, cuando con la edad se vigoriza el cerebro, entonces dan la flor y el fruto correspondientes, en consonancia con el grado de la iniciativa y con la fisonomía característica de la inteligencia del educando.

Por otra parte, cúmplenos manifestar que consideramos absurdo el concepto esparcido, de que la educación basada en las ciencias naturales atrofia el órgano de la idealidad. Lo concebimos absurdo, decimos, porque estamos convencidos de lo contrario. Lo que hace la ciencia es corregirla, enderezarla, sanear su función dándole sentido de realidad. El remate de la energía cerebral del hombre es producir el ideal con el arte y con la filosofía, esas altas generaciones conjeturables. Mas para que lo ideal no degenere en fábula o en vaporosos ensueños, y lo conjeturable no sea edificio que descanse sobre cimientos de arenas, es necesario de toda necesidad que tenga por base segura, inconmovible, los cimientos exactos y positivos de las ciencias naturales.

Además, no se educa íntegramente al hombre disciplinando su inteligencia, haciendo caso omiso del corazón y relegando la voluntad. El hombre, en la unidad de su funcionalismo cerebral, es un complejo; tiene varias facetas fundamentales, es una energía que ve, afecto que rechaza o se adhiere lo concebido y voluntad que cuaja en actos, lo percibido y amado. Es un estado morboso, que pugna contra las leyes del organismo del hombre, establecer un abismo en donde debiera existir una sana y bella continuidad, y sin embargo, es moneda corriente el divorcio entre el pensar y el querer. Debido a ello, ¡cuántas fatalísimas consecuencias! No hay más que fijarse en los directores de la política y de todos los órdenes de la vida social: están afectados profundamente de semejante pernicioso dualismo. Muchos de ellos serán indudablemente potentes en sus facultades mentales; poseerán riqueza de ideas; hasta comprenderán la orientación real, y por todo concepto hermosa, que prepara la ciencia a la vida del individuo y pueblos. Con todo, sus desatentados egoísmos, las propias conveniencias de sus afines... todo ello mezclado con la levadura de sentimientos tradicionales, formarán un impermeable alrededor de sus corazones, para que no se filtren en ellos las ideas progresivas que tienen, y no se conviertan en jugo de sentimiento, que al fin y al cabo es el propulsor, el inmediato determinante de la conducta del hombre. De aquí el detener el progreso y poner obstáculos a la eficacia de las ideas; y como efecto de tales causas, el escepticismo de las colectividades, la muerte de los pueblos y la justa desesperación de los oprimidos.

La Escuela Moderna

Hemos de proponernos, como término de nuestra misión pedagógica, que no se den en un solo individuo dualidad de personas: la una, que ve lo verdadero y lo bueno y lo aprueba, y la otra, que sigue lo malo y lo impone. Y ya que tenemos por guía educativa las ciencias naturales, fácilmente se comprenderá lo que sigue: trataremos que las representaciones intelectuales, que al educado le sugiera la ciencia, las convierta en jugo de sentimiento, intensamente las ame. Porque el sentimiento, cuando es fuerte, penetra y se difunde por lo más hondo del organismo del hombre, perfilando y colorando el carácter de las personas.

Y como la vida práctica, la conducta del hombre, ha de girar dentro del círculo de su carácter, es consiguiente que el joven educado de la indicada manera, cuando se gobierne por cuenta de su peculiar entender, convertirá la ciencia, por conducto del sentimiento, en maestra única y benéfica de su vida.

Efectuóse la inauguración el 8 de setiembre de 1901 con un efectivo escolar de 30 alumnos; 12 niñas y 18 niños.

Bastaban para un primer ensayo, con el propósito de no aumentar su número por el momento para facilitar la vigilancia, en previsión de cualquiera añagaza que, acerca de la coeducación de niñas y niños, hubieran podido introducir arteramente los rutinarios enemigos de la nueva enseñanza.

La concurrencia se componía de público atraído por la noticia publicada en la prensa, de familias de los alumnos y de delegados de varias sociedades obreras, invitadas por habérseme facilitado su dirección. En la presidencia acompañábanme los profesores y la Junta Consultiva, dos de cuyos individuos expusieron el sistema y el fin de esta novísima institución, y así, con tan sobria sencillez, quedó creada aquella *Escuela Moderna, Científica y Racional,* que no tardó en alcanzar fama europea y americana, que si con el tiempo perderá el título de moderna, vigorizará cada vez más en la continuidad de los siglos sus títulos de *racional y científica.*

V. Coeducación de ambos sexos

La manifestación más importante de la enseñanza racional, dado el atraso intelectual del país, lo que por lo pronto podía chocar más contra las preocupaciones y las costumbres, era la coeducación de niñas y niños. No es que fuera absolutamente nueva en España, porque, como imperio de la necesidad y por decirlo así en estado primitivo, hay aldeas, apartadas de los centros y de las vías de comunicación situadas en valles y montañas, donde un vecino bondadoso, o el cura, o el sacristán del pueblo acogen niños y niñas para enseñarles el catolicismo y a veces el silabario; es más: se da el caso de hallarse autorizada legalmente, o si no tolerada, por el Estado mismo, en pueblos pequeños cuyos ayuntamientos carecen de recursos para pagar un maestro y una maestra; y entonces una maestra, nunca un maestro, enseña a niños y niñas, como yo mismo he tenido ocasión de verlo en un pequeño pueblecillo no lejos de Barcelona; pero en villas y ciudades era desconocida la escuela mixta, y si acaso por la literatura se tenía noticia de que en otros países se predicaba, nadie pensaba en adaptarla a España, donde el propósito de introducir esa importantísima innovación hubiera parecido descabellada utopía.

Conociéndolo, me guardé bien de propagar públicamente mi propósito; reservándome hacerlo privada e individualmente. A toda persona que solicitaba la inscripción de un alumno le pedía alumnas si tenía niñas en su familia, siendo necesario exponer a cada uno las razones que abonan la coeducación, y aunque el trabajo era pesado, resultó fructífero. Anunciado públicamente hubiera suscitado mil preocupaciones, se hubiera discutido en la prensa, los convencionalismos y el temor al *qué dirán*, terrible obstáculo que esteriliza infinitas buenas disposiciones, hubieran predominado sobre la razón y, si no destruido por completo, el propósito hubiera sido de realización dificilísima: procediendo como lo hice pude lograr la presentación de niños y niñas en número suficiente en el acto de la inauguración, que siempre fue en progresión constante, como lo demuestran las cifras consignadas en el *Boletín de la Escuela Moderna* que expondré después.

La coeducación tenía para mi una importancia capitalísima, era, no sólo una circunstancia indispensable para la realización del ideal que considero como resultado de la enseñanza racionalista, sino como el ideal mismo, iniciando su vida en la Escuela Moderna, desarrollándose progresivamente sin exclusión alguna e inspirando la seguridad de llegar al término prefijado.

La naturaleza, la filosofía y la historia enseñan, contra todas las preocupaciones y todos los atavismos, que la mujer y el hombre completan el ser humano, y el desconocimiento de verdad tan esencial y trascendental ha sido y es causa de males gravísimos.

En el segundo número del Boletín justifiqué ampliamente estos juicios con el siguiente artículo:

NECESIDAD DE LA ENSEÑANZA MIXTA
La enseñanza mixta penetra por todos los pueblos cultos. En muchos, hace tiempo que se recogen sus óptimos resultados.

El propósito de la enseñanza de referencia es que los niños de ambos sexos tengan idéntica educación; que por semejante manera desenvuelvan la inteligencia, purifiquen el corazón y templen sus voluntades; que la humanidad femenina y masculina se compenetren, desde la infancia, llegando a ser la mujer, no de nombre, sino en realidad de verdad, la compañera del hombre.

Una institución secular, maestra de la conciencia de nuestro pueblo, en uno de los actos más trascendentales de nuestra vida, cuando el hombre y la mujer se unen por el matrimonio, con aparato ceremonioso, le dice al hombre que la mujer es su compañera.

Palabras huecas, vacías de sentido, sin trascendencia efectiva y racional en la vida, porque lo que se ve y se palpa en las iglesias cristianas, y en la ortodoxia católica en especial, es lo contrario de todo en todo a semejante compañerismo. Dígalo, si no, una mujer cristiana, de grande corazón, que rebosando sinceridad, no hace mucho se quejaba amargamente a su iglesia por el rebajamiento moral que sufría su sexo en el seno de la comunión de sus fieles: «Atrevimiento impío sería que en el templo osara aspirar la mujer a la categoría del último sacristán».

Padecería ceguera de inteligencia quien no viese que, bajo la inspiración del sentido cristiano, están las cosas, respecto al problema de la mujer, en el mismo ser y estado que lo dejara la Historia Antigua: o quizás peor, y con agravante de mucho peso. Lo que palpita, lo que vive por todas partes en nuestras sociedades cristianas como fruto y término de la evolución patriarcal, es la mujer no perteneciéndose a sí misma, siendo ni más ni menos que un adjetivo del hombre, atado continuamente al poste de su dominio absoluto, a veces... con cadenas de oro. El hombre la ha convertido en perpetua menor. Una vez mutilada ha seguido para con ella uno de los términos de disyuntiva siguiente: o la oprime y le impone silencio, o la trata como niño mimado... a gusto del antojadizo señor.

Si parece que asoma para ella la aurora del nuevo día, si de algún tiempo a esta parte acentúa su albedrío y recaba partículas de independencia, si de esclava va pasando, siquiera con lentitud irritable, a la categoría de pupila atendida, débelo al espíritu redentor de la ciencia que se impone a las costumbres de los pueblos y a los propósitos de los gobernantes sociales.

El trabajo humano, proponiéndose la felicidad de su especie, ha sido deficiente hasta ahora: debe de ser mixto en lo sucesivo; tiene que estar encomendado al hombre y a la mujer, cada cual desde su punto de vista. Es preciso tener en cuenta que la finalidad del hombre en la vida humana, en frente de la misión de la mujer, no es respecto de ésta, de condición inferior ni tampoco, superior, como pretenciosamente nos abrogamos. Se trata de cualidades distintas, y no cabe comparación en las cosas heterogéneas.

Según advierten buen número de psicólogos y sociólogos, la humanidad se bifurca en dos facetas fundamentales: el hombre significando el predominio del pensamiento y el espíritu progresivo; la mujer dando a su rostro moral la nota característica del sentimiento intensivo y del elemento conservador.

Mas precisa tener en cuenta que semejante modo de ser no da pábulo favorable a las ideas de los reaccionarios de toda especie, ni tiene que ver con ellos. Porque si el predominio de la nota conservadora y de la cualidad afectiva se encarna en la mujer por ley natural, no se puede sacar de ello la peregrina legítima consecuencia que a la compañera del hombre, por íntima constitución de su ser, le está vedado pensar en cosas de mucha monta, o en caso contrario, que ejercite la inteligencia en dirección contraria a la ciencia asimilando supersticiones y patrañas de todas clases.

Tener idiosincrasia conservadora no es propender a cristalizar en un estado de pensamiento, o padecer obsesión por todo aquello que sea del revés de la realidad. Conservar quiere decir sencillamente retener, guardar lo que se nos ha producido o lo que producimos nosotros. El autor de *La Religión del porvenir*, refiriéndose a la mujer en el asunto indicado dice: «El espíritu conservador puede aplicarse a la verdad como al error; todo depende de lo que se da para conservarse. Si se instruye a la mujer en ideas filosóficas y científicas, su fuerza conservadora servirá en bien, no en mal de las ideas progresivas.»

Por otro lado, dicho se está, la mujer es con intensidad afectiva. Lo que recibe no lo guarda como monopolizadora egoísta; sus creencias, sus ideas, todo lo bueno y lo malo que forman sus tesoros morales, se los saca de sí, y con profusión generosa se los comunica a los seres que por virtud misteriosa del sentimiento se identifican con ella. De aquí lo que es sabido, como moneda corriente: con el arte exquisito, de inconsciencia infalible, sugieren toda su fisonomía moral, toda el alma de ellas, en el alma de sus predilectos amados.

Si las capas de las primeras ideas son gérmenes de verdad, semillas de adecuados conocimientos, sembrados en la conciencia del niño por su primer pedagogo, que aspira el ambiente científico de su tiempo, entonces lo que se produce en el hogar es una obra íntegramente buena, sana de todos lados.

Pero si al hombre, en la primera edad de la vida, se le alecciona con fábulas, con errores de toda especie, con lo opuesto a la orientación de la ciencia, ¿qué cabe esperar de su porvenir? Cuando de niño evolucione en adulto será un obstáculo al progreso. La conciencia del hombre en la edad infantil es de idéntica contextura que su naturaleza fisiológica: es tierna, blanda. Recibe muy fácilmente lo que le viene de afuera. Pero con el tiempo va teniendo conato de rigidez la plasticidad de su ser; se convierte en consistencia relativamente estadiza su primitiva excesiva ductilidad. Desde ese momento tenderá el sedimento primero que le diera la madre, más que a incrustarse, a identificarse con la conciencia del joven. El agua fuerte de ideas más racionales, sugestionadas en el comercio social o efecto de privativos estudios, podrán tal vez raspar de la inteligencia del hombre los conceptos erróneos en la niñez adquiridos. Pero ¿qué tiene que ver en la vida práctica, en la esfera de la conducta, semejante transformación de la mente? Porque no hay que olvidar que quedan, después de todo, la mayoría de las veces, escondidos en los pliegues recónditos del corazón aquellas potentes afectivas inclinaciones que dimanan de las primitivas ideas. De donde resulta que en la mayoría de los hombres, entre su pensar y su hacer, entre la inteligencia y la voluntad existe una antítesis consumada, honda, repugnante, de donde derivan la mayoría de las veces los eclipses del bien obrar y la paralización del progreso. Ese sedimento primario dado por nuestras madres es tan tenaz, tan duradero, se convierte de tal modo en médula de nuestro ser, que energías fuertes, caracteres poderosamente reactivos que han rectificado sinceramente de pensamiento y de voluntad, cuando penetran de vez en

La Escuela Moderna

cuando en el recinto del yo para hacer el inventario de sus ideas, topan continuamente con la mortificante substancia de *jesuita* que les comúnicara la madre. La mujer no debe estar recluida en el hogar. El radio de su acción ha de dilatarse fuera de las paredes de las casas: debería ese radio concluir donde llega y termina la sociedad. Mas para que la mujer ejerza su acción benéfica, no se han de convertir en poco menos que en cero los conocimientos que le son permitidos: debieran ser en cantidad y en calidad los mismos que el hombre se proporciona. La ciencia, penetrando en el cerebro de la mujer, alumbraría, dirigiéndole certeramente, el rico venero de sentimiento; nota saliente, característica de su vida; elemento inexplotable hasta hoy; buena nueva en el porvenir de paz y de felicidad en la sociedad.

Se ha dicho con Secretan que la mujer es la «continuidad» y el hombre es el cambio; el hombre es el individuo y la mujer es la especie. Pero el cambio, la mutación en la vida no se comprenderían, serían un parecer fugaz, inconsistente; desprovisto de realidad, si no se tuviera al obrero femenino que afirmara y consolidara lo que el hombre produce. El individuo, representado por el varón, como tal individuo, es flor de un día, de efímera significación en la sociedad. La mujer, que representa la especie, es la que posee la misión de retener, en la misma especie, los elementos que le mejoren la vida, pero, para que éstos sean adecuadamente entendidos, es preciso que ella tenga conocimientos científicos.

La humanidad mejoraría con más aceleración, seguiría con paso más firme y constante el movimiento ascensor del progreso y centuplicaría su bienestar, poniendo a contribución del fuerte impulsivo sentimiento de la mujer las ideas que conquista la ciencia. Dice Ribot que una idea no es más que una idea, un simple hecho de conocimiento que no produce nada, no puede nada, no obra si no es sentido, si no le acompaña un estado afectivo, si no despierta tendencia, es decir, elementos motores.

De aquí se desprende que, para bien del progreso, cuando asoma una idea, consagrada como verdad en el pensamiento científico, no se la puede dejar ni cortos lapsos de tiempo en estado contemplativo. Esto se evita penetrando de sentimiento la idea, comunicándole amor, que cuando se apodera de ella no para, no la deja hasta convertirla en hecho de vida.

¿Cuándo sucederá todo esto? Cuando se realice et matrimonio de las ideas con el corazón apasionado y vehemente en la psiquis de la mujer; entonces será un hecho evidente en los pueblos civilizados el matriarcado moral. Entonces, la humanidad, por una parte, contemplada desde el circulo del hogar, poseerá el pedagogo significado que modele, en el sentido del ideal, las semillas de las nuevas generaciones; y por otra se contará con el apóstol y propagandista entusiasta, que por sobre todo ulterior sentimiento sepa hacer sentir a los hombres la libertad, y la solidaridad a los pueblos.

VI. COEDUCACION DE LAS CLASES SOCIALES

Lo mismo que de la educación en común de ambos sexos, pienso de la de diferentes clases sociales.

Hubiera podido fundar una escuela gratuita; pero una escuela para niños pobres no hubiera podido ser una escuela racional, porque si no se les enseñase la credulidad y la sumisión como en las escuelas antiguas, hubiéraseles inclinado forzosamente a la rebeldía, hubieran surgido espontáneamente sentimientos de odio.

Porque el dilema es irreductible; no hay término medio para la escuela exclusiva de la clase desheredada: o el acatamiento por el error y la ignorancia sistemáticamente sostenidos por una falsa enseñanza, o el odio a los que les subyugan y explotan.

El asunto es delicado y conviene dejarle en claro: la rebeldía contra la opresión es sencillamente cuestión de estética, de puro equilibrio: entre un hombre y otro, como lo consigna la famosa *Declaración* revolucionaria en su primera cláusula con estas indestructibles palabras: «los hombres nacen y permanecen libres e iguales en derecho», no puede haber diferencias sociales; si las hay, mientras unos abusan y tiranizan, los otros protestan y odian; la rebeldía es una tendencia niveladora, y por tanto, racional, natural, y no quiero decir justa por lo desacreditada que anda la justicia con sus malas compañías: la ley y la religión. Lo diré bien claro: los oprimidos, los expoliados, los explotados han de ser rebeldes, porque han de recabar sus derechos hasta lograr su completa y perfecta participación en el patrimonio universal.

Pero la Escuela Moderna obra sobre los niños a quienes por la educación y la instrucción prepara a ser hombres, y no anticipa amores ni odios, adhesiones ni rebeldías, que son deberes y sentimientos propios de los adultos; en otros términos, no quiere coger el fruto antes de haberle producido por el cultivo, ni quiere atribuir una responsabilidad sin haber dotado a la conciencia de las condiciones que han de constituir su fundamento: aprendan los niños a ser hombres, y cuando lo sean declárense en buena hora en rebeldía.

Una escuela para niños ricos no hay que esforzarse mucho para demostrar que por su exclusivismo no puede ser racional. La fuerza misma de las cosas la inclinaría a enseñar la conservación del privilegio y el aprovechamiento de sus ventajas.

La coeducación de pobres y ricos, que pone en contacto unos con otros en la inocente igualdad de la infancia, por medio de la sistemática igualdad de la escuela racional, esa es la escuela, buena, necesaria y reparadora.

A esta idea me atuve logrando tener alumnos de todas clases sociales para refundirlos en la clase única, adoptando un sistema de retribución acomodado a las circunstancias de los padres o encargados de los alumnos, no teniendo un tipo único de matrícula, sino practicando una especie de nivelación que iba desde la gratuidad, las mensualidades mínimas, las medianas a las máximas.

Relacionado con el asunto de este capítulo véase el artículo que publiqué en *La Publicidad*, de Barcelona, en 10 de mayo de 1905, y en el *Boletín*:

PEDAGOGÍA MODERNA
Nuestro amigo D. R. C. dió una conferencia el sábado último, en el Centro Republicano Instructivo de la calle

de la Estrella (Gracia), sobre el tema que encabeza estas líneas, explicando a la concurrencia lo que es la enseñanza moderna y ventajas que la sociedad puede sacar de ella.

Considerando el asunto de interés palpitante, y digno, sobre otros muchos, de fijar la atención pública, juzgo útil exponer a la prensa mis impresiones y las reflexiones consiguientes, deseoso de contribuir al esclarecimiento de verdades de mayor trascendencia, y al efecto, digo que nos pareció acertado el conferenciante en esa explicación, pero no en los medios aconsejados para realizarla, ni en los ejemplos de Bélgica y Francia, que presentó como modelos dignos de imitación.

En efecto, el señor C. confía solamente en el Estado, en las Diputaciones o en los Municipios, la construcción, dotación y dirección de los establecimientos escolares; error grande, a nuestro entender, porque si pedagogía moderna significa nueva orientación hacia una sociedad razonable, es decir, justa; si con la pedagogía moderna nos proponemos educar e instruir a las nuevas generaciones demostrando a la vez las causas que motivaron y motivan el desequilibrio de la sociedad; si con la pedagogía moderna pretendemos preparar una humanidad feliz, libre de toda ficción religiosa y de toda idea de sumisión a una necesaria desigualdad económico-social, no podemos confiarla al Estado ni a otros organismos oficiales, siendo como son sostenedores de los privilegios, y forzosamente conservadores y fomentadores de todas las leyes que consagran la explotación del hombre, inicua base de los más irritantes abusos. Las pruebas de lo que afirmamos abundan tanto que cada cual puede darse cuenta de ellas visitando las fábricas, talleres y doquier haya gente asalariada; preguntando cómo viven los de abajo y los de arriba, asistiendo a los juicios orales en todos los palacios de lo que se llama justicia en todo el mundo y preguntando a los reclusos, en toda clase de establecimientos penales, acerca de los motivos de su prisión.

Si todas esas pruebas no bastasen para demostrar que el Estado ampara a los detentadores de la riqueza social y persigue a los que se rebelan contra tal injusticia, bastará entonces enterarse de lo que pasa en Bélgica; país favorecido, según el señor C., por la protección del Gobierno a la enseñanza oficial, de tal manera eficaz, que se hace imposible la enseñanza particular. A las escuelas oficiales, decía el señor C., acuden los hijos de los ricos y los de los pobres y da gusto ver salir a un niño riquísimo del brazo de un compañero pobre y humilde. Es verdad, añadiremos nosotros, que a las escuelas oficiales de Bélgica pueden asistir todos los alumnos; pero, es de advertir que la instrucción que se da está basada en la necesidad de que siempre habrá de haber pobres y ricos, y que la armonía social consiste en el cumplimiento de las leyes. Por consiguiente, ¿qué más quisieran los amos sino que esta enseñanza se diera en todas partes? Porque ya cuidarían bien ellos de hacer entrar en razón a los que algún día pudieran rebelarse, haciendo como recientemente en Bruselas y otras ciudades de Bélgica, donde los hijos de los ricos, bien armados y organizados en la milicia nacional, fusilaron a los hijos de los obreros que se atrevieron, a pedir el sufragio universal. Por otra parte, mis noticias acerca de la grandeza, de la enseñanza belga, difieren mucho de las manifestadas por el señor C. Tengo a la vista varios números de *L'Express*, de Lieja, que destina al asunto una sección titulada: *La destrucción de nuestra enseñanza pública*, en la que se leen datos que, desgraciadamente, tienen mucha semejanza con lo que ocurre en

España, sin contar que de poco tiempo a esta parte ha tomado gran desarrollo la enseñanza congregacionista, que, como todo el mundo sabe, es la sistematización de la ignorancia. Al fin y al cabo, no en balde domina en Bélgica un gobierno marcadamente clerical.

En cuanto a la enseñanza moderna que se da en la republicana Francia, diremos: que ningún libro de los que se usan en las escuelas sirve para una enseñanza verdaderamente laica, y añadiremos que el mismo día que el señor C. hablaba en Gracia, el diario *L'Action* de París, publicaba bajo el título «Como se enseña la moral laica», tomado del libro *Recueil de maximes et pensées morales*, unos cuantos pensamientos ridículamente anacrónicos que chocan contra el más elemental buen sentido.

Se nos preguntará ahora ¿qué haremos si no contamos con apoyo del Estado, de las Diputaciones o de los Municipios? Pues, sencillamente, pedirlo a quienes han de tener interés en cambiar el modo de vivir: a los trabajadores en primer lugar, y luego a los intelectuales y privilegiados de buenos sentimientos que si no abundan, no dejan de encontrarse. Conocemos algunos.

El mismo señor C. se quejaba de lo que cuesta y de lo que tarda el Ayuntamiento en conceder las reformas que se le piden. Tengo la convicción de que menos tiempo habría de costar hacer entender a la clase obrera que de sí sola ha de esperar todo.

Está el campo bien preparado. Visítense las sociedades obreras, las Fraternidades Republicanas, Centros Instructivos, Ateneos Obreros y cuantas entidades tengan interés en la regeneración de la humanidad, y háblese allí el lenguaje de la verdad aconsejando la unión, el esfuerzo y la atención constante al problema de la instrucción racional y científica, de la instrucción que demuestre la injusticia de los privilegios y la posibilidad de hacerlos desaparecer. Si en este terreno dirigieran sus esfuerzos cuantos particulares o entidades desean verdaderamente la emancipación de la clase que sufre, porque no solamente sufren los trabajadores, esté seguro el señor C, que el resultado sería positivo, seguro y pronto; mientras que lo que obtenga de los gobiernos será tarde y no servirá más que para deslumbrar, para sofisticar los propósitos y perpetuar la dominación de una clase por otra.

VII. Higiene escolar

Respecto a la higiene, la suciedad católica domina en España.

San Alejo y San Benito Labra son, no los únicos, ni los más caracterizados puercos que figuran en la lista de los supuestos habitantes del reino de los cielos, sino dos de los más populares entre los inmundos e innumerables maestros de la porquería.

Con tales tipos de perfección, en medio del ambiente de ignorancia, hábil e inicuamente sostenido por el clero y la realeza de tiempos pasados y por la burguesía liberal y hasta democrática de nuestros días, claro es que los niños que venían a nuestra escuela habían de ser muy deficientes en punto a limpieza: la suciedad era atávica.

La combatimos prudente y sistemáticamente, demostrando a los niños la repugnancia que inspira todo objeto, todo animal, toda persona sucia; por el contrario, el agrado y la simpatía que se siente ante la limpieza; cómo se acerca uno instintivamente a la persona limpia y se aparta de la grasienta y maloliente, y recíprocamente cómo ha de sernos grato ser simpáticos por curiosos o vergonzoso causar asco a los que nos vean.

Exponíamos después la limpieza como asunto de belleza y la suciedad como característica de la fealdad, y entrábamos decididamente en el terreno de la higiene, presentando la suciedad como causa de enfermedad, con su peligro de infección indefinida hasta causar epidemias, y la limpieza como agente principal de salud, y lográbamos fácilmente determinar la voluntad de los niños a la limpieza y disponer su inteligencia a la comprensión científica de la higiene.

La influencia de esta enseñanza penetraba en las familias por las exigencias de los niños, que alteraban la rutina casera. Un niño pedía con urgencia que le lavaran los pies, otro quería bañarse, otro pedía polvos y cepillo para los dientes, otro se avergonzaba de llevar una mancha, otro pedía que le renovasen la ropa o el calzado, y las pobres madres, atareadas por sus obligaciones diarias, o tal vez abrumadas por la dureza de las circunstancias en que se desarrolla la vida social, e influidas además por la suciedad religiosa, procuraban acallar tantas peticiones; pero la nueva vida introducida en el hogar por la idea del niño triunfaba al fin como consolador presagio de la futura regeneración que ha de producir la enseñanza racional.

Dejo la exposición de las razones que abonan la higiene escolar a personas perfectamente competentes, por lo cual inserto a continuación los dos artículos publicados en el *Boletín de la Escuela Moderna*.

PROTECCIÓN HIGIÉNICA DE LAS ESCUELAS - SU IMPLANTACIÓN POR LOS PARTICULARES

El clamoreo es general. De todas partes surge la misma exclamación: «de 18 millones de españoles, 10 son analfabetos; a los españoles nos pierde la falta de educación y de instrucción». La exclamación está inspirada en la realidad; no puede ser más justa; yo añadiría que a los españoles nos pierde la rutina y la falta de fe en el trabajo; por ambas cosas, comarcas enteras de nuestra península están con esa costra gris estéril donde apenas brota una yerba pajiza y rala para asemejarlas mejor a las llanuras del desierto; ni el arado ni el cultivo han roturado de luengos años, ni sacudido la inercia del terreno, y allá se están esas miles de hectáreas improductivas para miseria de sus terratenientes y para baldón de la decantada feracidad de nuestro suelo. Y no lo digo por los catalanes, que aquí encanta ver en las más atrevidas pendientes, o en las más encumbradas crestas, el olivo, la vid, el trigo o el algarrobo como señal de una labor y de una lucha que no cesa hasta el punto de sacar jugo a las rocas.

Enhorabuena que se abogue por la instrucción, que se haga obligatoria para aquellos ciudadanos indolentes. Pero imponer una ley, sin rodear su cumplimiento de ciertas garantías, no me parece ya tan satisfactorio; como médico he tenido ocasión muchas veces de apreciar el desamparo en que se hallan muchos niños en las escuelas, y me ha conmovido hondamente el desconsuelo de un padre cuando ha perdido un hijo por efecto de una enfermedad que contrajo en la escuela y que pudo haberse evitado.

¿Están en nuestras escuelas suficientemente protegidos los niños para que una madre deje ir tranquilo cada mañana aquel ser querido, que mientras le tuvo en su regazo crecía sano y que al ir al colegio se tornó enfermizo? Las epidemias de las escuelas son prueba de esos riesgos; pero hay otros contagios que se van realizando a la sordina, y que por lo mismo causan mayor número de víctimas, sin que ese silencio motive una intervención que lo evite.

Hace unos meses, por mera coincidencia, sin duda, asistí, con unos días de intervalo, a tres niños con difteria; los tres asistían al mismo colegio; la tos ferina, el sarampión, la escarlatina y otras, encuentran en las escuelas el campo más fecundo para una explosión epidémica, porque aquellos niños allí reunidos, sometidos al mismo medio, cuando llegan a sus casas contagian a sus hermanitos mayores o menores, y de esta suerte el contagio escolar influye hasta en los niños de pecho, en los mismos recién nacidos. A veces llega hasta a sus padres.

La tuberculosis se transmite por este medio.

Aparte de estas enfermedades tan terribles, la tiña, las enfermedades de los ojos, la sarna, el histerismo, las torceduras de la espalda, etcétera, casi siempre salen de la escuela.

La aglomeración en que viven los escolares, el uso de un solo retrete, de un solo vaso, el cambio de cartapacios y de lapiceros que pasan de mano en mano y de boca en boca, el regalo mutuo de pan o de golosinas, todo esto es una promiscuidad peligrosa a la colectividad. Sé de muchos padres que, mal de su grado, han tenido que renunciar a la instrucción de sus hijos en la escuela, porque en ella enfermaban a cada paso. Si se revisaran los edificios y el mobiliario escolar de nuestros colegios, pocos responderían a una organización higiénica mediocre. Pero no se trata de esto. Seamos prácticos. Aun cuando se dispusiera de un gran capital para montar escuelas de nueva planta con arreglo a los dictados de un higienista, no interrumpiríamos la instrucción bruscamente mientras se derribaran y se construyeran los edificios.

Por consiguiente, obligados a utilizar el material existente, creo que se le puede mejorar sin grandes esfuerzos, con sólo establecer la protección e instrucción higiénica en las escuelas. No se necesitan palacios relumbrantes; para difundir la instrucción bastan salas amplias, de luz abundante y aire puro, donde los escolares estén protegidos.

La Escuela Moderna

En otros países esta reforma ha partido del Gobierno; aquí... me parece que la iniciativa de los particulares puede subsanar estas deficiencias con gran provecho de sus propios intereses. Los maestros de escuela encontrarán médicos que les secunden en esa campaña higiénica escolar. Los directores de colegios podrán encontrar el concurso médico con poco esfuerzo. Y aun cuando tuvieran que realizar alguno, piensen que este acto de previsión sería muy reproductivo. Pierden cuando se enferma un niño, deja de concurrir a la escuela y de pagar una mensualidad; pero pierden más cuando el niño muere y es un cliente borrado para siempre.

¿Quién sabe si el crédito del establecimiento se resiente todavía más con esas bajas? No ha mucho, un colegio muy acreditado de nuestros alrededores, tuvo que enviar a sus casas numerosas alumnas por haberse desarrollado una epidemia de escarlatina al comenzar el curso. ¿Cuánto mejor no habría sido evitar con la protección higiénica aquel quebranto de ingresos y aquellos dolores a los educandos?

Piensen, pues, los propietarios de colegios y los maestros municipales en instaurar este servicio, prescindiendo por completo de las previsiones de los gobernantes. Aquí no iremos bien en este respecto mientras, no se publiquen noticias como ésta: «la inspección médica de las escuelas de New York, ha excluido temporalmente en una semana del mes de setiembre último, 100 alumnos: de ellos 35 padecían granulaciones en los ojos, 16 conjuntivitis, 15 afecciones de la piel, etc.» ¡De este modo sí que podrían enviarse con tranquilidad los niños a la escuela!

Esta protección de la escuela persigue un fin eminentemente social, la condición fundamental e indispensable para que la educación intelectual sea eficaz. La organización del servicio, que debería correr a cargo de un médico en cada escuela, comprende los siguientes puntos:

1º Salubridad del edificio. A este propósito vigilará la distribución de los locales, la iluminación, la ventilación, la calefacción, las corrientes de aire, la instalación de los retretes, etc. Se adaptarán lo más posible al progreso pedagógico estos elementos de la escuela.

2º Profilaxis de las enfermedades transmisibles. Una ligera tos, un vómito, una leve fiebrilla, la rubicundez de los ojos, una placa anormal del cabello, le conducirán a una investigación personal y a disponer en el acto una separación relativa del niño indispuesto. En este respecto, se habrá de contar con el concurso leal de las familias, para que no oculten el sarampión o la tos ferina u otros efectos que puedan padecer los hermanos de los alumnos. Un aislamiento prudente impedirá la transmisión morbosa escolar, y, en caso de enfermedad, el médico determinará tras de cuánto tiempo y de qué precauciones puede el niño volver al colegio, sin peligro para sus camaradas.

3º Función normal de los órganos y crecimiento. Mediante mediciones y pesadas periódicas, se sabrá positivamente si el niño se desarrolla bien y si contrae o no actitudes viciosas que pueden hacerse permanentes como la miopía, la escoliosis y otras. Esto servirá de gran utilidad para las familias.

Atenta la madre a las tareas domésticas y absorto el padre en sus negocios, no se percata de si su hijo cojea, de si empieza a torcerse su columna vertebral, de si acerca mucho el libro a los ojos para leer; y cuando llegan a enterarse, el mal es tan largo o está avanzado, que su remedio exige grandes dispendios y quizá algunos sacrificios. Esta vigilancia llenaría un gran vacío en algunas familias. La misión del médico escolar se reducirá en este caso a advertir a los padres el peligro, para que busquen el auxilio de su respectivo médico.

4º Educación física y adaptación de los estudios a la capacidad intelectual de cada niño. Esto se realizará de acuerdo con el maestro. Mediante esta inspección, se evitarán a los niños esos dolores de cabeza, esos insomnios, la neurastenia infantil y esos estragos que produce el surmenaje. Se graduará entonces el ejercicio físico (gimnasia) y la labor intelectual.

5º Educación e instrucción sanitarias. Se darán a los niños conferencias de higiene semanales o quincenales y se les habituará a las prácticas higiénicas, lavado de manos, boca, baños, natación, limpieza de uñas, etc.

Por jovencito que el escolar sea, debe recibir esa educación y esa instrucción; no son muy elevados esos conceptos para sus cortos alcances; todo está en la manera de hacérselo comprender. Penetrado de su altísima importancia, el último Congreso Internacional de Higiene, celebrado en Bruselas, decretó esa enseñanza, y muchos médicos eminentes del extranjero la practican, sin creerse rebajados por ello de sus elevadas categorías. En nuestro país yo he procurado imitar tan loable conducta. Enseñado el niño a amar su salud, trata de conservarla; en su casa transmite a sus padres y amigos los consejos aprendidos y verifica una irradiación escolar conveniente.

Llegado a la madurez, gobernara su prole con mejor acuerdo; acaso será éste un medio de apartar a la sociedad del suicidio particular y colectivo. Por condiciones sociales de nuestra raza, esta enseñanza será más fructífera en España que en otros países.

y 6º Redacción de un cuaderno biológico. Consiste en la anotación del desarrollo del escolar y de las enfermedades que ha tenido. Aparte de su trascendencia étnica y antropológica, tiene esta historia personal una aplicación práctica muy importante. Ejemplo: Se desata a velocidad grande o pequeña una epidemia de fiebre tifodea, tos ferina, sarampión, etcétera. La clausura de las escuelas que suele acordarse por vía de precaución, no resuelve el problema y es además objeto de serias censuras. Cuando se disponga del cuaderno biológico de cada niño, aquel que haya padecido la enfermedad epidémica, si está ya protegido para ella, puede seguir asistiendo a la escuela, sin riesgo para él ni para sus compañeros, y aquellos que no la hayan padecido pueden ser objeto de ciertas medidas que ni interrumpen la vida normal de las familias y de las escuelas, ni fomenten la holganza y el afán de vacaciones de los escolares.

Este es el programa: a primera vista, tanto apartado y tantas atenciones, parecerán una montaña inaccesible, un proyecto irrealizable, y eso que no hablo de la pedagogía experimental, que, fundada en la psicología, mide la fuerza intelectual de cada individuo y escudriña sus aptitudes especiales... pero apliquémonos a esta tarea redentora de nuestros escolares, y nuestra labor y nuestra perseverancia nos conducirán a la cima, en breve tiempo, con igual facilidad que subimos hoy al Tibidabo desde que disponemos de funicular.

Dr. Martinez Vargas

Los juegos

El juego es indispensable a los niños. Por lo que mira a su constitución, salud y desarrollo físico, todo el mundo estará conforme; pero acontece que únicamente para la atención en la cantidad de desarrollo físico que producen los juegos. De aquí que éstos han sido sustituidos por el gimnasio, como un equivalente excelente y creyéndose algunos que se ha ganado en la substitución. Esos asertos han venido a ser negados por la higiene en términos absolutos. Después de la inveterada creencia de que a lo que hay que atender es al desarrollo de nuestras fuerzas físicas, ha venido a dominar otro concepto en el campo de la conciencia científica. En dicho campo se reconoce a la hora presente, como en autoridad de cosa juzgada, que el estado placentero y el libre desplegamiento de las tendencias nativas son factores importantes, esencialísimos y predominantes en la vigorización y desenvolvimiento del ser del niño.

El contento, como afirma Spencer, «constituye el tónico más poderoso; acelerando la circulación de la sangre, facilita mejor el desempeño de todas sus funciones; contribuye a aumentar la salud cuando la hay, y a restablecerla cuando se ha perdido. El vivo interés y la alegría que los niños experimentan en sus pasatiempos, son tan importantes como el ejercicio corporal que los acompaña. Por eso la gimnasia, no ofreciendo esos estímulos mentales, resulta defectuosa...» Pero tenemos que decir con el pensador aludido: algo es mejor que nada. Si se nos diera a elegir entre quedarnos sin juego y sin gimnasia, o aceptar el gimnasio, corriendo, con los ojos cerrados, optaríamos por el gimnasio.

Los juegos, por otra parte, merecen en la pedagogía otro punto de vista y una mayor consideración si se quiere.

Debe dejarse al niño que en donde quiera que esté manifieste sinceramente sus deseos. Este es el factor principal del juego, que, como advierte Johonnot, es el deseo complacido por la libre actividad. Por lo mismo, no nos pesa decir que es de absoluta necesidad que se vaya introduciendo substancia del juego por el interior de las clases. Así lo entienden en países más cultos y en organismos escolares que prescinden de toda añeja preocupación, y no desean otra cosa que encontrar racionales procedimientos para realizar la amigable composición entre la salud y el adelanto del niño. Allí no se ha hecho otra cosa, para realizar ese fin, que arrancar de cuajo, de las salas de las clases, el mutismo y la quietud insoportables, características de la muerte, y llevar en su lugar el bienestar, la intensa alegría, el alborozo. El alborozo, la intensa alegría del niño en clase, cuando comparte con sus colegas, se asesora con sus libros, o está en compañía e intimidad con sus profesores, es la señal infalible de su interna salud de vida física y de vida de inteligencia.

Las afirmaciones que hacemos producirán el fruncimiento del ceño de los dómines pedagogos que, por desdicha, abundan entre nosotros. ¿Cómo? Por ese camino derrumbamos todo el organismo educacionista que, por ser vetusto, se nos debe representar como venerable e intangible. ¿Cómo? ¡No tomamos, rectificando la conducta de nuestros padres por medida de la importancia del estudio, el disgusto que éste proporciona a los niños! ¡Se deja paso libre a las iniciativas del niño como camino que derechamente conduce a conseguir su cultura, sin raspar el elemento típico que individualiza su ser, en vez de someter el cerebro del educando al molde de los antojos de padres y profesores!

No hay más remedio. La verdad tiene sabor a retama para sus enemigos. Una concepción más verdadera y más optimista de la vida del hombre ha obligado a los pedagogos a modificar sus ideas.

En individuos y colectividades donde ha penetrado la cultura moderna, se ve la vida desde un punto de vista contrario a las enseñanzas del sentido cristiano. La idea de que la vida es una cruz, una enojosa y pesada carga, tiene que tolerarse hasta que la providencia se harte de vernos sufrir, radicalmente desaparece.

La vida se nos dice, es para gozar de la vida, para vivirla. Lo que atormenta y produce dolor débese rechazar como mutilador de la vida. El que pacientemente lo acepta es merecedor de que se le considere como un atávico degenerado, o de ser un desdichado inmoral, si tiene conocimiento de lo que hace.

El supremo deber individual que preside a la conciencia del hombre es el deber de nutrirse en todos los aspectos de nuestra vida. El supremo deber colectivo es irradiar la vida por todas partes. Esa hermosa tendencia tiene que cuajar y arraigar en las generaciones del porvenir, y el medio único y expedito de hacerlo consiste en llevar a la educación el sentido de Froebel : todo juego bien dirigido se convierte en trabajo, como todo trabajo en juego.

Por otra parte, los juegos sirven para dar a conocer el carácter del niño y a lo que viene llamado a funcionar en la vida.

Los padres y los pedagogos tienen que ser hasta cierto punto pasivos en la obra educadora. Las observaciones del padre y las indicaciones del profesor no deben convertirse en precepto imperativo a la manera de orden mecánica ni militar o mandato dogmático religioso.

Unos y otros dan, en el educando, con una vida particular. No se la puede gobernar con dirección arbitraria; se la debe desenvolver dinámicamente, de adentro para afuera, nada más que ayudando a que sus disposiciones nativas se desarrollen.

Por eso el educante no ha de proponerse a priori, sin la consulta previa, paciente y detenida de la naturaleza del niño, que éste estudie para marino, o agricultor, o médico, etc. ¿Puédese destinar a los niños, por el mero deseo de la voluntad del que los condiciona, a que sean poetas, a que estudien para filósofos o a que revelen en música extraordinarias disposiciones geniales? Pues para el caso lo mismo da.

El estudio de los juegos de los niños demuestra su gran semejanza con las ocupaciones más serias de sus mayores. Los niños combinan y ejecutan sus juegos con un interés y una energía que sólo abate el cansancio. Trabajan por imitar cuantas cosas pueden concebir que hacen los grandes. Construyen casas, hacen pasteles de barro, van a la ciudad, juegan a la escuela, dan baile, hacen de médico, visten muñecas, lavan la ropa, dan funciones de circo, venden frutas y bebidas, forman jardines, trabajan en minas de carbón, escriben cartas, se hacen burla, discuten, pelean, etc.

El ardor y vehemencia con que hacen esto muestra cuán profundamente real es para ellos, y revela además que los instintos en los niños no difieren absolutamente de los instintos a la edad viril. El juego espontáneo, que es de la preferencia del niño, predice su ocupación o disposiciones nativas. El niño juega a hombre, y cuando llega a la edad viril hace en serio aquello que de niño le divertía.

Taylor dice: «Debiérase enseñar a los niños a jugar con el mismo cuidado con que se le enseñará más tarde a trabajar... No pocas muchachas se han hecho excelentes costureras cortando y haciendo vestidos para sus muñecas; y muchos muchachos aprenden el uso de las herramientas más usuales jugando a los carpinteros. Una amiguita mía llegó a ser una verdadera artista después de haber jugado con sus pinceles y pinturas de color. Otro niño declamaba cosas interesantes jugando a las comedias, y algunos años después dió su examen brillante en el colegio utilizando los conocimientos que había adquirido en el juego. Así también muchas de las imágenes poéticas de algunos autores denuncian los recuerdos de los juegos y aventuras de la niñez.»

Además, el juego es apto para desenvolver en los niños el sentido altruista. El niño, por lo general, es egoísta, interviniendo en tan fatal disposición muchas causas, siendo entre todas, la principal, la ley de la herencia. De la cualidad indicada se desprende el natural despótico de los niños, que les lleva a querer mandar arbitrariamente a sus demás amiguitos.

En el juego es en donde se debe orientar a los niños a que practiquen la ley de la solidaridad. Las prudentes observaciones, consejos y reconvenciones de padres y profesores, débense encaminar, en los juegos de los niños, a probarles que se saca más utilidad con ser tolerantes y condescendientes con el amiguito que intransigente con él: que la ley de la solidaridad beneficia a los demás y al mismo que la produce.

R. Columbié.

VIII. El profesorado

Otra dificultad grave se me presentó con el personal. Por útil que fuera la formación del programa para el planteamiento de la enseñanza y de la educación racional, venía después la necesidad de buscar personas aptas para su ejecución y la práctica me demostró que esas personas no existían. ¡Cuán verdad es que la necesidad crea al órgano! Había maestros, ¡cómo no! Al fin, aunque no muy lucrativa, la pedagogía es una carrera que mantiene su hombre, no siendo siempre verdad el dicho vulgar que sirve para designar un desgraciado con esta frase: ¡Tiene más hambre que un maestro de escuela! porque la verdad es que en muchos, muchísimos pueblos de España, el maestro forma parte de la junta caciquil en unión del cura, el médico, el boticario y el usurero, personaje este último que no siempre es el mayor contribuyente aunque sea el más rico del lugar, y en resumen el maestro tiene una paga municipal, iguala con los vecinos y también cierta influencia que puede traducirse a veces en beneficios materiales y en las poblaciones importantes, si al maestro no le satisface la paga municipal suele dedicarse a la industria de la enseñanza en colegios particulares donde, de acuerdo con el Instituto provincial prepara burgueses jóvenes para el bachillerato, y si no alcanza una posición privilegiada vive en condiciones de defensa como la generalidad de los ciudadanos.

Había también maestros dedicados a la llamada enseñanza laica, denominación importada de Francia, donde tiene su razón de ser, porque allí la instrucción primaria, antes de ser laica, era exclusivamente clerical y ejercida por congregaciones religiosas, lo que no sucedía en España, donde, por cristiana que fuera la enseñanza, siempre era profesada por maestros civiles. Pero los maestros laicos españoles inspirados y alentados por la propaganda librepensadora y el radicalismo político se manifestaba más bien como anticatólicos y anticlericales que como verdaderos racionalistas.

Ello es que los profesionales de la enseñanza, para adaptarse a la enseñanza científica y racional, habían de sufrir una preparación difícil en todo caso y no siempre realizable por los impedimentos de la rutina, y los que sin previas nociones pedagógicas, entusiasmados por la idea, acudían a ofrecernos su concurso necesitaban también y tal vez con mayor motivo su preparación.

El problema era de solución dificilísima, porque no había más medio de preparación y adaptación que la escuela racional misma.

Pero ¡oh maravilla de la bondad del sistema! Creada la Escuela Moderna por inspiración individual, con recursos propios y con la vista fija en el ideal como criterio fijo, las dificultades se allanaban, toda imposición dogmática era descubierta y rechazada, toda incursión o desviación hacia el terreno metafísico era inmediatamente abandonada, y poco a poco la experiencia iba formando esa nueva y salvadora ciencia pedagógica, y esto, no sólo por mi celo y vigilancia, sino por los primeros profesores, y en ocasiones hasta por dudas e ingenuas manifestaciones de los mismos alumnos.

Bien puede decirse que si la necesidad crea al órgano, al fin el órgano satisface la necesidad.

No obstante, dispuesto a llevar mi obra hasta el fin creé una Escuela Normal, racionalista para la enseñanza de maestros, bajo la dirección de un maestro experimentado y con el concurso de los profesores de la Escuela Moderna, donde se matricularon varios jóvenes de ambos sexos y empezó a funcionar con buen éxito, hasta que la arbitrariedad autoritaria, obedeciendo la instigación de misteriosos y poderosos enemigos, se opuso a nuestra marcha, forjándose la engañadora ilusión de haber triunfado para siempre.

Como complemento de las ideas expuestas en este capítulo, juzgo conveniente incluir las que acerca de la pedagogía individual expuso en el *Boletín* mi amigo Domela Niewenhuis, en el siguiente escrito:

PEDAGOGÍA INDIVIDUAL

Nunca se hará bastante en pro de los niños. Quien no se interesa por los niños no es digno de que nadie se interese por él, porque los niños son el porvenir. Pero los cuidados para los niños deben ser guiados por el buen sentido; no basta tener buena voluntad; se necesita también saber y experiencia.

¿Quién cultiva plantas, flores y frutos sin saber algo de lo que le corresponde?

¿Quién cría animales, por ejemplo, perros, caballos, gallinas, etc., sin saber lo que es bueno y conveniente para cada especie?

Pero en la educación de los niños, la cosa más difícil del mundo, casi todo el mundo piensa que se tiene competencia para ello por el hecho de ser padre de familia.

El caso es verdaderamente extraño: un hombre y una mujer se conciertan para vivir juntos, procrean un hijo y hételes convertidos de repente en educadores, sin haberse tomado la molestia de instruirse en lo más elemental del arte de la educación.

No somos de los que dicen con Rousseau que es bueno todo lo que viene del creador de las cosas: que todo degenera en las manos del hombre.

Ante todo no podemos decir que todo es bueno, y después declaramos que no conocemos un creador de las cosas, ni menos un creador que tenga manos con las que haga como un hábil obrero que copia un modelo. Y además, preguntamos: ¿Por qué se dice que todo degenera? ¿Qué significa degenerar? ¿Qué idea se tiene de un creador cuyo trabajo puede ser estropeado por los hombres que se consideran como un producto de las manos del creador? ¡Conque es decir que uno de los productos puede estropear los otros! Si un obrero diese un producto así a su patrón, pronto sería despedido por inhábil y torpe.

Preséntase siempre dos lados: el positivo y el negativo; y más se estropea generalmente por el lado positivo que por el negativo.

Hacer algo puede ser útil, pero también perjudicial; pero si impide algo, la naturaleza suele corregir lo que el niño hace mal.

El célebre pedagogo Froebel decía: «Vivamos para los niños». La intención fué buena sin duda, y sin embargo, no comprendía el secreto de la educación. Ellen Key, quien en su gran libro *El Siglo de los Niños* nos da tanto que pensar, tiene más razón cuando dice: «Dejemos que los niños vivan por sí mismos».

Comiéncese la instrucción cuando el mismo niño la pida. Todo el programa escolar, que es el mismo para todas las regiones de Francia, por ejemplo, es ridículo. A las nueve de la mañana sabe el ministro de instrucción pública que todos los niños leen, escriben o calculan; pero ¿tienen todos los niños y también los profesores el mismo deseo a la misma hora? ¿Por qué no dejar al profesor la iniciativa de hacer lo que parezca, ya que ha de conocer sus alumnos mejor que el señor ministro o cualquier burócrata, y debe tener la libertad necesaria para arreglar la instrucción a su gusto y al de sus discípulos? La misma razón para todos los estómagos, la misma ración para todas las memorias, la misma ración para todas las inteligencias; los mismos estudios, los mismos trabajos.

Víctor Considérant, el discípulo de Carlos Fourier, escribió un importante libro, ya olvidado, pero que merece ser resucitado, *Teoría de la Educación natural y atractiva*, en que pregunta: «¿Qué adiestrador de perros somete a la misma regla sus perros de muestra, sus lebreles, sus corredores, sus falderillos y sus mastines? ¿Quién exige de tan diversas especies servicios idénticos? ¿Qué jardinero ignora que unas plantas necesitan más sombra, otras más sol, unas más agua, otras más aire, ni que aplique a todas los mismos sustentáculos y las mismas ligaduras, que pode a todas de la misma manera y en la misma época o que practique el mismo injerto sobre todos los arbolillos silvestres? ¿Vale menos la naturaleza humana que la vegetal o la animal, para que dediquéis menos atención a la cría de los niños que a la de las espinacas, las lechugas o los perros?» Acostumbramos a buscar lejos lo que está a nuestro alcance si queremos y podemos ver y observar. Las cosas suelen ser sencillas, pero nosotros las hacemos complicadas y difíciles.

Sigamos a la naturaleza y cometeremos menos faltas. La Pedagogía oficial ha de ceder el puesto a la individual. Ellen Key deseaba un diluvio que anegara a todos los pedagogos, y si el arca salvara únicamente a Montaigne, Rousseau y Spencer progresaríamos algo. Entonces los hombres no edificarían escuelas sino que plantarían viñas en las cuales la labor de los profesores sería levantar los racimos a la altura de los labios de los niños, en vez de hacer que los niños no puedan gustar, como sucede en el día, más que el mosto de la cultura cien veces atenuado.

En el huevo hay un germen: según su naturaleza ha de abrirse; pero no se abrirá sino en el caso de que el huevo se halle colocado en una temperatura conveniente. En el niño hay muchos gérmenes de facultades industriales, de numerosas vocaciones, pero esas vocaciones no se manifestarán sino en el medio y en las circunstancias favorables a su exteriorización.

Si tenemos órganos, preciso es que se formen y se desarrollen; preciso es dejar a los niños la ocasión de desplegar la naturaleza, y la tarea de los padres y de los educadores consiste en no impedir su desarrollo. Sucede como con las plantas: cada cosa tiene su tiempo; primero las yemas y las hojas, después las flores y los frutos; pero mataréis la planta si la sujetáis a procedimientos artificiales para obligarla a invertir el orden natural de su desarrollo. Preservad, sostened, regad; he ahí la labor de los educadores.

Los grandes iniciadores del socialismo comprendieron que el principio de todo es la educación. Fourier y Robert Owen dieron ideas originales que no han sido comprendidas o que han sido descuidadas. En ningún manual de pedagogía se hallan esos nombres, y sin embargo merecen el puesto de honor, porque todas las ideas de educación moderna que actualmente se propagan, se hallan en sus escritos.

La grandeza de aquellos héroes del pensamiento aumenta cuanto más se profundiza en sus obras. Admira su clarividencia; pero se explica considerando que han estudiado la naturaleza.

Una vez más: seguid la naturaleza y seguiréis el mejor camino.

Ya en sus primeros números del *Boletín de la Escuela Moderna* se empezó la publicación de los siguientes anuncios:

A LA JUVENTUD

La Escuela Moderna, en vista del buen éxito obtenido con su instituto inicial, y deseando extender progresivamente su acción salvadora, invita a los jóvenes de ambos sexos que deseen dedicarse a la enseñanza científica y racional y tengan aptitud para ello a que lo manifiesten personalmente o por escrito, a fin de preparar la apertura de sucursales en varios distritos de esta capital.

AL PROFESORADO LIBRE

Los profesores y jóvenes de ambos sexos que deseen dedicarse a la enseñanza racional y científica y se hallen despojados de preocupaciones, supersticiones y creencias tradicionales absurdas, pueden ponerse en comunicación con el Director de la Escuela Moderna para la provisión de plazas vacantes en varias escuelas.

IX. La renovación de la escuela

Dos medios de acción se ofrecen a los que quieren renovar la educación de la infancia: trabajar para la transformación de la escuela por el estudio del niño, a fin de probar científicamente que la organización actual de la enseñanza es defectuosa y adoptar mejoras progresivas; o fundar escuelas nuevas en que se apliquen directamente principios encaminados al ideal que se forman de la sociedad y de los hombres los que reprueban los convencionalismos, las crueldades, los artificios y las mentiras que sirven de base a la sociedad moderna.

El primer medio presenta grandes ventajas, responde a una concepción evolutiva que defenderán todos los hombres de ciencia y que, según ellos, es la única capaz de lograr el fin.

En teoría tiene razón y así estamos dispuestos a reconocerlo.

Es evidente que las demostraciones de la psicología y de la fisiología deben producir importantes cambios en los métodos de educación; que los profesores, en perfectas condiciones para comprender al niño, podrán y sabrán conformar su enseñanza con las leyes naturales. Hasta concedo que esta evolución se realizará en el sentido de la libertad, porque estoy convencido de que la violencia es la razón de la ignorancia, y que el educador verdaderamente digno de ese nombre obtendrá todo de la espontaneidad, porque conocerá los deseos del niño y sabrá secundar su desarrollo únicamente dándole la más amplia satisfacción posible.

Pero en la realidad, no creo que los que luchan por la emancipación humana puedan esperar mucho de ese medio. Los gobiernos se han cuidado siempre de dirigir la educación del pueblo, y saben mejor que nadie que su poder está totalmente basado en la escuela y por eso la monopolizan cada vez con mayor empeño. Pasó el tiempo en que los gobiernos se oponían a la difusión de la instrucción y procuraban restringir la educación de las masas. Esa táctica les era antes posible porque la vida económica de las naciones permitía la ignorancia popular, esa ignorancia que facilitaba la dominación. Pero las circunstancias han cambiado: los progresos de la ciencia y los multiplicados descubrimientos han revolucionado las condiciones del trabajo y de la producción; ya no es posible que el pueblo permanezca ignorante; se le necesita instruido para que la situación económica de un país se conserve y progrese contra la concurrencia universal. Así reconocido, los gobiernos han querido una organización cada vez más completa de la escuela, no porque esperen por la educación la renovación de la sociedad, sino porque necesitan individuos, obreros, instrumentos de trabajo más perfeccionados para que fructifiquen las empresas industriales y los capitales a ellas dedicados. Y se ha visto a los gobiernos más reaccionarios seguir ese movimiento; han comprendido que la táctica antigua era peligrosa para la vida económica de las naciones y que había que adaptar la educación popular a las nuevas necesidades. Grave error sería creer que los directores no hayan previsto los peligros que para ellos trae consigo el desarrollo intelectual de los pueblos, y que, por tanto, necesitaban cambiar de medios de dominación; y, en efecto, sus métodos se han adaptado a las nuevas condiciones de vida, trabajando para recabar la dirección de las ideas en evolución. Esforzándose por conservar las creencias sobre las que antes se basaba la disciplina social, han tratado de dar a las concepciones resultantes del esfuerzo científico una significación que no pudiera perjudicar a las instituciones establecidas, y he ahí lo que les han inducido a apoderarse de la escuela. Los gobernantes, que antes dejaban a los curas el cuidado de la educación del pueblo, porque su enseñanza, al servicio de la autoridad, les era entonces útil, han tomado en todos los países la dirección de la organización escolar.

El peligro, para ellos, consistía en la excitación de la inteligencia humana ante el nuevo espectáculo de la vida, en que en el fondo de las conciencias surgiera una voluntad de emancipación. Locura hubiera sido luchar contra las fuerzas en evolución; era preciso encauzarlas, y para ello, lejos de obstinarse en antiguos procedimientos gubernamentales, adoptaron otros nuevos de evidente eficacia. No se necesitaba un genio extraordinario para hallar esta solución; el simple curso de los hechos llevó a los hombres del poder a comprender lo que había que oponer a los peligros presentados: fundaron escuelas, trabajaron por esparcir la instrucción a manos llenas y, si en un principio hubo entre ellos quienes resistieron a este impulso, -porque determinadas tendencias favorecían a algunos de los partidos políticos antagónicos -todos comprendieron pronto que era preferible ceder y que la mejor táctica consistía en asegurar por nuevos medios la defensa de los intereses y de los principios. Viéronse, pues, producirse luchas terribles por la conquista de la escuela; en todos los países se continúan esas luchas con encarnizamiento; aquí triunfa la sociedad burguesa y republicana, allá vence el clericalismo. Todos los partidos conocen la importancia del objetivo y no retroceden ante ningún sacrificio para asegurar la victoria. Su grito común es: «¡Por y para la escuela!» y el buen pueblo debe estar reconocido a tanta solicitud. Todo el mundo quiere su elevación por la instrucción, y su felicidad por añadidura. En otro tiempo podían decirle algunos: «Esos tratan de conservarte en la ignorancia para mejor explotarte; nosotros te queremos instruido y libre.» Al presente eso ya no es posible: por todas partes se construyen escuelas, bajo toda clase de títulos.

En ese cambio tan unánime de ideas, operado entre los directores respecto de la escuela, hallo los motivos para desconfiar de su buena voluntad, y la explicación de los hechos que ocasionan mis dudas sobre la eficacia de los medios de renovación que intentan practicar ciertos reformadores. Por lo demás, esos reformadores se cuidan poco, en general, de la significación social de la educación; son hombres que buscan con ardor la verdad científica, pero que apartan de sus trabajos cuanto es extraño al objeto de sus estudios. Trabajan pacientemente por conocer al niño y llegarán a decirnos -todavía es joven su ciencia- qué métodos de educación son más convenientes para su desarrollo integral.

Pero esta indiferencia en cierto modo profesional, en mi concepto, es perjudicialísima a la causa que piensan servir.

No les considero en manera alguna inconscientes de las realidades del medio social, y sé que esperan de su labor los mejores resultados para el bien general. «Trabajando para revelar los secretos de la vida del ser humano, -piensan- buscando el proceso de su desarrollo normal físico y psíquico, impondremos a la educación un régimen que ha de ser favorable a la liberación de las energías. No queremos ocuparnos directamente de la renovación de la escuela; como sabios tampoco lo conseguiremos, porque todavía no sabríamos definir exactamente lo que debiera hacerse.

Procederemos por gradaciones lentas, convencidos de que la escuela se transformará a medida de nuestros descubrimientos, por la misma fuerza de las cosas. Si nos preguntáis cuáles son nuestras esperanzas, nos manifestaremos de acuerdo con vosotros en la provisión de una evolución en el sentido de una amplia emancipación del niño y de la humanidad por la ciencia, pero también en este caso estamos persuadidos de que nuestra obra se prosigue completamente hacia ese objeto y le alcanzará por las vías más rápidas y directas.»

Este razonamiento es evidentemente lógico, nadie puede negarlo, y, sin embargo, en él se mezcla una gran parte de ilusión. Preciso es reconocerlo; si los directores, como hombres, tuviesen las mismas ideas que los reformadores benévolos, si realmente les impulsara el cuidado de una organización continua de la sociedad en el sentido de la desaparición progresiva de las servidumbres, podría reconocerse qué los únicos esfuerzos de la ciencia mejorarían la suerte de los pueblos; pero lejos de eso, es harto manifiesto que los que se disputan el poder no miran más que la defensa de sus intereses, que sólo se preocupan de la propia ventaja y de la satisfacción de sus apetitos. Mucho tiempo hace que dejamos de creer en las palabras con que disfrazan sus ambiciones; todavía hay cándidos que admiten que hay en ellos un poco de sinceridad, y hasta imaginan que a veces les impulsa el deseo de la felicidad de sus semejantes; pero éstos son cada vez más raros y el positivismo del siglo se hace demasiado cruel para que puedan quedar dudas sobre las verdaderas intenciones de los que nos gobiernan.

Del mismo modo que han sabido arreglarse cuando se ha presentado la necesidad de la instrucción, para que esta instrucción no se convirtiese en un peligro, así también sabrán reorganizar la escuela de conformidad con los nuevos datos de la ciencia para que nada pueda amenazar su supremacía. Ideas son éstas difíciles de aceptar, pero se necesita haber visto de cerca lo que sucede y cómo se arreglan las cosas en la realidad para no dejarse caer en el engaño de las palabras. ¡Ah! ¡Qué no se ha esperado y espera aún de la instrucción! La mayor parte de los hombres de progreso todo lo esperan de ella, y hasta estos últimos tiempos algunos no han comenzado a comprender que la instrucción sólo produce ilusiones. Cáese en la cuenta de la inutilidad positiva de esos conocimientos adquiridos en la escuela por los sistemas de educación actualmente en práctica; compréndese que se ha esperado en vano, a causa de que la organización de la escuela, lejos de responder al ideal que suele crearse, hace de la instrucción en nuestra época el más poderoso medio de servidumbre en mano de los directores. Sus profesores no son sino instrumentos conscientes o inconscientes de sus voluntades, formados además ellos mismos según sus principios; desde su más tierna edad y con mayor fuerza que nadie han sufrido la disciplina de su autoridad; son muy raros los que han escapado a la tiranía de esa dominación quedando generalmente impotentes contra ella, porque la organización escolar les oprime con tal fuerza que no tienen más remedio que obedecer. No he de hacer aquí el proceso de esta organización, suficientemente conocida para que pueda caracterizársele con una sola palabra: Violencia. La escuela sujeta a los niños física, intelectual y moralmente para dirigir el desarrollo de sus facultades en el sentido que se desea, y les priva del contacto de la naturaleza para modelarles a su manera. He ahí la explicación de cuanto dejo indicado: el cuidado que han tenido los gobiernos en dirigir la educación de los pueblos y el fracaso de las esperanzas de los hombres de libertad. Educar equivale actualmente a domar, adiestrar, domesticar. No creo que los sistemas empleados hayan sido combinados con exacto conocimiento de causa para obtener los resultados deseados, pues eso supondría genio; pero las cosas suceden exactamente como si esa educación respondiera a una vasta concepción de conjunto realmente notable: no podría haberse hecho mejor. Para realizarla se han inspirado sencillamente en los principios de disciplina y de autoridad que guían a los organizadores sociales de todos los tiempos, quienes no tienen más que una idea muy clara y una voluntad, a saber: que los niños se habitúen a obedecer, a creer y a pensar según los dogmas sociales que nos rigen. Esto sentado, la instrucción no puede ser más que lo que es hoy. No se trata de secundar el desarrollo espontáneo de las facultades del niño, de dejarle buscar libremente la satisfacción de sus necesidades físicas, intelectuales y morales; se trata de imponer pensamientos hechos; de impedirle para siempre pensar de otra manera que la necesaria para la conservación de las instituciones de esta sociedad; de hacer de él, en suma, un individuo estrictamente adaptado al mecanismo social.

No se extraña, pues, que semejante educación no tenga influencia alguna sobre la emancipación humana. Lo repito, esa instrucción no es más que un medio de dominación en manos de los directores, quienes jamás han querido la elevación del individuo, sino su servidumbre, y es perfectamente inútil esperar nada provechoso de la escuela de hoy día. Y lo que se ha producido hasta hoy continuará produciéndose en el porvenir; no hay ninguna razón para que los gobiernos cambien de sistema; han logrado servirse de la instrucción en su provecho, así seguirán aprovechándose también de todas las mejoras que se presenten. Basta que conserven el espíritu de la escuela, la disciplina autoritaria que en ella reina, para que todas las innovaciones les beneficien. Para que así sea, vigilarán constantemente; téngase la seguridad de ello.

Deseo fijar la atención de los que me leen sobre esta idea: todo el valor de la educación reside en el respeto de la voluntad física, intelectual y moral del niño. Así como en ciencia no hay demostración posible más que por los hechos, así también no es verdadera educación sino la que está exenta de todo dogmatismo, que deja al propio niño la dirección de su esfuerzo y que no se propone sino secundarle en su manifestación. Pero no hay nada más fácil que alterar esta significación, y nada más difícil que respetarla. El educador impone, obliga, violenta siempre; el verdadero educador es el que, contra sus propias ideas y sus voluntades, puede defender al niño, apelando en mayor grado a las energías propias del mismo niño.

Por esta consideración puede juzgarse con qué facilidad se modela la educación y cuán fácil es la tarea de los que quieren dominar al individuo. Los mejores métodos que puedan revelárseles, entre sus manos se convierten en otros tantos instrumentos más poderosos y perfectos de dominación. Nuestro ideal es el de la ciencia y a él recurriremos en demanda del poder de educar al niño favoreciendo su desarrollo por la satisfacción de todas sus necesidades a medida que se manifiesten y se desarrollen.

Estamos persuadidos de que la educación del porvenir será una educación en absoluto espontánea; claro está que no nos es posible realizarla todavía, pero la evolución de los métodos en el sentido de una comprensión más amplia de los fenómenos de la vida, y el hecho de que todo perfeccionamiento significa la supresión de una violencia, todo ello nos indica que estamos en terreno verdadero cuando esperamos de la ciencia la liberación del niño. ¿Es éste el ideal de los que detentan la actual organización escolar, es lo que se proponen realizar, aspiran también a suprimir las violencias? No, sino que emplearán los medios nuevos y más eficaces al mismo fin que en el presente; es decir, a la formación de seres que acepten todos los convencionalismos, todas las mentiras sobre las cuales está fundada la sociedad.

No tememos decirlo: queremos hombres capaces de evolucionar incesantemente; capaces de destruir, de renovar constantemente los medios y de renovarse ellos mismos; hombres cuya independencia intelectual sea la fuerza suprema, que no se sujeten jamás a nada; dispuestos siempre a aceptar lo mejor, dichosos por el triunfo de las ideas nuevas y que aspiren a vivir vidas múltiples en una sola vida. La sociedad teme tales hombres: no puede, pues, esperarse que quiera jamás una educación capaz de producirlos.

¿Cuál es, pues, nuestra misión? ¿Cuál es, pues, el medio que hemos de escoger para contribuir a la renovación de la escuela?

Seguiremos atentamente los trabajos de los sabios que estudian el niño, y nos apresuraremos a buscar los medios de aplicar sus experiencias a la educación que queremos fundar, en el sentido de una liberación más completa del individuo. Mas ¿cómo conseguiremos nuestro objeto? Poniendo directamente manos a la obra, favoreciendo la fundación de escuelas nuevas donde en lo posible se establezca este espíritu de libertad que presentimos ha de dominar toda la obra de la educación del porvenir.

Se ha hecho ya una demostración que por el momento puede dar excelentes resultados. Podemos destruir todo cuanto en la escuela actual responde a la organización de la violencia, los medios artificiales donde los niños se hallan alejados de la naturaleza y de la vida, la disciplina intelectual y moral de que se sirven para imponerle pensamientos hechos, creencias que depravan y aniquilan las voluntades. Sin temor de engañarnos podemos poner al niño en el medio que le solicita, el medio natural donde se hallará en contacto con todo lo que ama y donde las impresiones vitales reemplazarán a las fastidiosas lecciones de palabras. Si no hiciéramos más que esto, habríamos preparado en gran parte la emancipación del niño.

En tales medios podríamos aplicar libremente los datos de la ciencia y trabajar con fruto.

Bien sé que no podríamos realizar así todas nuestras esperanzas; que frecuentemente nos veríamos obligados, por carencia de saber, a emplear medios reprobables; pero una certidumbre nos sostendría en nuestro empeño, a saber: que sin alcanzar aún completamente nuestro objeto, haríamos más y mejor, a pesar de la imperfección de nuestra obra, que lo que realiza la escuela actual. Prefiero la espontaneidad libre de un niño que nada sabe, a la instrucción de palabras y la deformación intelectual de un niño que ha sufrido la educación que se da actualmente.

Lo que hemos intentado en Barcelona, otros lo han intentado en diversos puntos, y todos hemos visto que la obra era posible. Pienso, pues, que es preciso dedicarse a ella inmediatamente. No queremos esperar a que termine el estudio del niño para emprender la renovación de la escuela; esperando, nada se hará jamás. Aplicaremos lo que sabemos y sucesivamente lo que vayamos aprendiendo. Un plan de conjunto de educación racional es ya posible, y en escuelas tales como las concebimos pueden los niños desarrollarse libres y dichosos, según sus aspiraciones. Trabajaremos para perfeccionarlo y extenderlo.

Tales son nuestros proyectos: no ignoramos lo difícil de su realización; pero queremos comenzarla, persuadidos de que seremos ayudados en nuestra tarea por los que luchan en todas partes para emancipar a los humanos de los dogmas y de los convencionalismos que aseguran la prolongación de la inicua organización social actual.

X. Ni premio ni castigo

La enseñanza racional es ante todo un método de defensa contra el error y la ignorancia. Ignorar verdades y creer absurdos es lo predominante en nuestra sociedad, y a ello se debe la diferencia de clases y el antagonismo de los intereses con su persistencia y su continuidad.

Admitida y practicada la coeducación de niñas y niños y ricos y pobres, es decir, partiendo de la solidaridad y de la igualdad, no habíamos de crear una desigualdad nueva, y, por tanto, en la Escuela Moderna no habría premios, ni castigos, ni exámenes en que hubiera alumnos ensorbebecidos con la nota de sobresaliente, medianías que se conformaran con la vulgarísima nota de aprobados ni infelices que sufrieran el oprobio de verse despreciados por incapaces.

Esas diferencias sostenidas y practicadas en las escuelas oficiales, religiosas e industriales existentes, en concordancia con el medio ambiente y esencialmente estacionarias, no podían ser admitidas en la Escuela Moderna, por razones anteriormente expuestas.

No teniendo por objeto una enseñanza determinada, no podía decretarse la aptitud ni la incapacidad de nadie. Cuando se enseña una ciencia, un arte, una industria, una especialidad; cualquiera que necesite condiciones especiales, dado que los individuos puedan sentir una vocación o tener, por distintas causas, tales o cuales aptitudes, podrá ser útil el examen, y quizá un diploma académico aprobatorio lo mismo que una triste nota negativa pueden tener su razón de ser, no lo discuto; ni lo niego ni lo afirmo. Pero en la Escuela Moderna no había tal especialidad; allí ni siquiera se anticipaban aquellas enseñanzas de conveniencia más urgente encaminadas a ponerse en comunión intelectual con el mundo; lo culminante de aquella escuela, lo que la distinguía de todas, aun de las que pretendían pasar como modelos progresivos, era que en ella se desarrollaban amplísimamente las facultades de la infancia sin sujeción a ningún patrón dogmático, ni aun lo que pudiera considerarse como resumen de la convicción de su fundador y de sus profesores, y cada alumno salía de allí para entrar en la actividad social con la aptitud necesaria para ser su propio maestro y guía en todo el curso de su vida.

Claro es que por incapacidad racional de otorgar premios, se creaba la imposibilidad de imponer castigos, y en aquella escuela nadie hubiera pensado en tan dañosas prácticas si no hubiera venido la solicitud del exterior. Allí venían padres que profesaban este rancio aforismo: la letra con sangre entra, y me pedían para su hijo un régimen de crueldad; otros, entusiasmados con la precocidad de su prole, hubiera querido, a costa de ruegos y dádivas, que su hijo hubiera podido brillar en un examen y ostentar pomposamente títulos y medallas; pero en aquella escuela no se premió ni castigó a los alumnos, ni se satisfizo la preocupación de los padres. Al que sobresalía por bondad, por aplicación, por indolencia o por desorden se le hacía observar la concordancia o discordancia que pudiera haber con el bien o con el mal propio o el de la generalidad, y servían de asunto para una disertación a propósito del profesor correspondiente, sin más consecuencias; y los padres fueron conformándose, poco a poco, con el sistema, habiendo de sufrir no pocas veces que sus mismos hijos les despojaran de sus errores y preocupaciones. No obstante, la rutina surgía a cada punto con pesada impertinencia, viéndome obligado a repetir mis razonamientos, sobre todo con los padres de los nuevos alumnos que se presentaban, por lo que publiqué en el *Boletín* el siguiente escrito:

> POR QUÉ LA ESCUELA MODERNA NO CELEBRA EXAMENES
>
> Los exámenes clásicos, aquellos que estamos habituados a ver a la terminación del año escolar y a los que nuestros padres tenían en gran predicamento, no dan resultado alguno, y si lo producen es en el orden del mal.
>
> Estos actos, que se visten de solemnidades ridículas, parecen ser instituidos solamente para satisfacer el amor propio enfermizo de los padres, la supina vanidad y el interés egoísta de muchos maestros y para causar sendas torturas a los niños antes del examen, y después, las consiguientes enfermedades más o menos prematuras.
>
> Cada padre desea que su hijo se presente en público como uno de los tantos sobresalientes del colegio, haciendo gala de ser un sabio en miniatura. No le importa que para ello su hijo, por espacio de quince días o un mes, sea víctima de exquisitos tormentos. Como se juzga por el exterior, se viene a la consideración que los dichos tormentos no son tales, porque no dejan como señal el más pequeño rasguño ni la más insignificante cicatriz en la piel...
>
> La inconsciencia en que se vive con relación a la naturaleza del niño y a lo inicuo de ponerle en condiciones forzadas para que saque de su flaqueza psicológica fuerzas intelectuales, sobre todo en la esfera de la memoria, impide a los padres ver que un rato de satisfacción de amor propio, puede ser la causa, como ha sucedido muchas veces, de enfermedad, de la muerte moral y material de sus hijos.

A la mayoría de los profesores, por otra parte, estereotipadores de frases hechas, inoculadores mecánicos, más que padres morales del educando, lo que más les interesa en los exámenes es su propia personalidad y su estado económico; su objeto es hacer ver a los padres y demás concurrentes a los exámenes, que el alumno, bajo su égida, sabe muchísimo, que sus conocimientos en extensión y caridad exceden a lo que se podía esperar de sus cortos años y al poco tiempo que hace ha estado en el colegio de tan meritísimo profesor.

Además de esa miserable vanidad, satisfecha a costa de la vida moral y física del alumno, se esfuerzan, esos determinados maestros, en arrancar plácemes del vulgo, de los padres y demás concurrentes ignaros de lo que pasa en la realidad de las cosas, como un reclamo eficacísimo que les garantiza el crédito y el prestigio de la «Tienda Escolar».

En crudo, somos adversarios impenitentes de los indicados exámenes. En el colegio todo tiene que ser efectuado en beneficio del estudiante. Todo acto que no consiga ese fin debe ser rechazado como antitético a la naturaleza de una positiva enseñanza. De los exámenes no saca nada bueno y recibe, por el contrario, gérmenes de mucho malo el alumno. A más de las enfermedades físicas susodichas, sobre todo las del sistema nervioso y acaso de una muerte temprana, los elementos morales que inicia en la conciencia del niño ese acto inmoral calificado de examen son: la vanidad enloquecedora de los altamente premiados; la envidia roedora y la humillación, obstáculo de sanas iniciativas, en los que han claudicado; y en unos y en otros, y en todos, los albores de la mayoría de los sentimientos que forman los matices del egoísmo.

He aquí razonado nuestro pensamiento por una escritura profesional, en el siguiente artículo tomado del *Boletín*:

Examenes y concursos

Al finalizar el año escolar hemos oído, como los años anteriores, hablar de concursos, de exámenes, de premios. Hemos vuelto a ver el desfile de niños cargados de diplomas y de volúmenes rojos adornados con follajes verdes y dorados; hemos pasado revista a la multitud de mamás angustiadas por la incertidumbre, y de niños aterrorizados por las temibles pruebas del examen, donde han de comparecer ante un tribunal inflexible a sufrir tremendo interrogatorio, circunstancias que dan al acto cierta desdichada analogía con los que se celebran diariamente en la Audiencia territorial.

Ese es el símbolo de todo el sistema actual de enseñanza.

Porque no se interrumpe solamente nuestro trabajo para sancionarle por marcas y clasificaciones en una época del año, ni en una edad de la vida, sino durante todos nuestros años de estudio y para muchas profesiones durante toda la vida.

Comienza la cosa desde que cumplimos cinco o seis años, cuando se nos enseña a leer, y en tan tierna edad, se nos obliga a preocuparnos, no tanto de las «historias» que ese nuevo ejercicio nos permite conocer, ni el dibujo más o menos interesante de las letras, como el premio de la lectura que hemos de disputar; y lo peor es que se nos hace enrojecer de vergüenza si quedamos rezagados, o se nos infla de vanidad si hemos vencido a los otros, si nos hemos atraído la envidia y la enemistad de nuestros compañeros.

Mientras estudiábamos gramática, cálculo, ciencia y latín, los maestros y nuestros padres no descansaban, como impulsados por acuerdo tácito, procurando persuadirnos que estábamos rodeados de rivales que combatir, de superiores que admirar o de inferiores que despreciar. ¿Con qué objeto trabajamos?, se nos ocurría preguntar alguna vez, y se nos contestaba que ya obtendríamos el beneficio de nuestros esfuerzos o soportaríamos las consecuencias de nuestra torpeza; y todas las excitaciones y todos los actos nos inspiraban la convicción de que si alcanzásemos el primer puesto, si lográsemos ser más que los otros, nuestros padres, parientes y amigos, el profesor mismo, nos daría distinguidas muestras de preferencia. Como consecuencia lógica, nuestros esfuerzos se dirigían exclusivamente al premio, al éxito. De ese modo no se desarrollaba en nuestro ser moral más que la vanidad y el egoísmo.

La gravedad del mal aumenta considerablemente en la época en que se entra en la vida. El bachillerato es poco peligroso, pero abre la puerta a gran número de carreras en que los concurrentes se disputan cruelmente el derecho a la existencia. Hasta entonces no comprende el joven que trabaja para sí, que necesita asegurarse por sí mismo su porvenir, y se convencerá cada vez más que para ello necesita vencer a los otros, ser más fuerte o más astuto. De semejante concepción se resiente toda la vida social.

Hemos encontrado en la sociedad hombres de toda condición y de diferentes edades que no hubieran dado un paso ni hecho el menor esfuerzo si no hubieran tenido la íntima convicción de que todos sus méritos les serían contados y pagados íntegramente un día. Los hombres de gobierno lo saben perfectamente, ya que obtienen tanto de los ciudadanos por las recompensas, avances, distinciones y condecoraciones que otorgan. Eso es un resto vivaz del cristianismo. El dogma de la gloria eterna ha inspirado la Legión de Honor. A cada paso encontramos en la vida premios, concursos, exámenes y oposición, ¿hay algo más triste, más feo ni más falso? Hay algo más anormal que el trabajo de preparación de los programas: el exceso de trabajo moral y físico que tiene por efecto deformar las inteligencias, desarrollando hasta el exceso ciertas facultades en detrimento de otras que quedan atrofiadas. El menor reproche que se les pueda dirigir consiste en que son una pérdida de tiempo, y frecuentemente llega hasta romper las vidas, hasta prohibir toda otra preocupación personal, familiar o social. Los candidatos serios no deben aceptar las distracciones artísticas, ni pensar en el amor, ni interesarse en la cosa pública, so pena de un fracaso. ¿Y qué diremos de las pruebas mismas de los concursos, que no sea universalmente conocido? No hablaré de las injusticias intencionales, aunque de ellas puedan citarse ejemplos; basta que la injusticia sea esencial a la base del sistema. Una nota o una clasificación dada en condiciones determinadas, sería diferente si ciertas condiciones cambiasen; por ejemplo, si el jurado fuese otro, si el ánimo del juez, por cualquier circunstancia, hubiese variado. En este asunto la casualidad reina como señora absoluta, y la casualidad es ciega. Suponiendo que se reconociese a ciertos hombres en razón de su edad y de sus trabajos, el derecho muy contestable de juzgar el valor de otros hombres, de medirle y sobre todo de comparar entre si los valores individuales, necesitarían aún estos jueces establecer su veredicto sobre bases sólidas.

En lugar de esto, se reducen al mínimo los elementos de apreciación: un trabajo de algunas horas, una conversación de algunos minutos, y con esto basta para declarar si un hombre es más capaz que otro de desempeñar tal función, de dedicarse a tal estudio, o a tal trabajo.

Reposando sobre la casualidad y la arbitrariedad, los concursos y los dictámenes que de ellos resultan gozan de un prestigio y de una autoridad universales, que se imponen, no sólo a los individuos sino también a sus esfuerzos y a sus trabajos. La misma ciencia se halla diplomada: hay una ciencia escogida alrededor de la cual no hay sino medianía; únicamente la ciencia marcada y garantida asegura al hombre que la posee el derecho a vivir.

Denunciamos con complacencia los vicios de este sistema, porque en él vemos una herencia del pasado tiránico. Siempre la misma centralización, la misma investidura oficial.

Séanos permitido idear sin ser tachados de utopistas, una sociedad en que todos los que quieran trabajar puedan hacerlo, en que la jerarquía no exista, y en que se trabaje por el trabajo y por sus frutos legítimos.

Comencemos por introducir desde la escuela tan saludables costumbres; dedíquense los pedagogos a inspirar el amor al trabajo sin sanciones arbitrarias, ya que hay sanciones naturales e inevitables que bastará poner en evidencia. Sobre todo evitemos dar a los niños la noción de comparación y de medida entre los individuos, porque para que los hombres comprendan y aprecien la diversidad infinita que hay entre los caracteres y las inteligencias es necesario evitar a los escolares la concepción inmutable de buen alumno a la que cada uno debe tender, pero de la cual se aproxima más o menos con mayor o menor mérito.

Suprimamos, pues, en las escuelas las clasificaciones, los exámenes, las distribuciones de premios y las recompensas de toda clase. Este será el principio práctico.
Emilia Boivin.

En el número 6, año quinto, del *Boletín* creí necesario publicar lo siguiente:

>No más castigos
>
>Recibimos frecuentes comunicaciones de Centros obreros instructivos y Fraternidades republicanas, quejándose de algunos profesores, que castigan a los niños en sus escuelas.
>
>Nosotros mismos hemos tenido el disgusto de presenciar, en nuestras cortas y escasas excursiones, pruebas materiales del hecho que motiva la queja, viendo niños de rodillas o en otras actitudes forzadas de castigo.
>
>Esas prácticas irracionales y atávicas han de desaparecer; la Pedagogía moderna las rechaza en absoluto.
>
>Los profesores que se ofrecen a la Escuela Moderna y solicitan su recomendación para ejercer la profesión en las escuelas similares, han de renunciar a todo castigo material y moral, so pena de quedar descalificados para siempre. La severidad gruñona, la impaciencia, la ira rayan a veces hasta la sevicia y han debido desaparecer con el antiguo dómine. En las escuelas libres todo ha de ser paz, alegría y confraternidad.
>
>Creemos que este aviso bastará para desterrar en lo sucesivo tales prácticas, impropias de personas que han de tener por único ideal la formación de una generación apta para establecer una sociedad verdaderamente fraternal, solidaria y justa.

XI. Laicismo y biblioteca

Tratándose de instituir una escuela racional para preparar dignamente el ingreso de la infancia en la libre solidaridad humana, el problema inmediato al de la determinación de su programa, era el de su biblioteca.

Todo el bagaje instructivo de la antigua pedagogía era una mezcla incoherente de ciencia y de fe, de razón y absurdo, de bien y mal, de experiencia humana y de revelación divina, de verdad y de error; en una palabra, inadaptable en absoluto a la nueva necesidad creada por el intento de la institución de la nueva escuela.

Si la escuela había estado en todo tiempo, desde la más remota antigüedad, supeditada no a la enseñanza en su amplio sentido de comunicar a la generación naciente la suma del saber de las generaciones anteriores, sino a la enseñanza concordada con la autoridad y la conveniencia de las clases dominadoras, y por tanto destinada a hacer obedientes y sumisos, es evidente que nada de lo escrito a tal fin podía ser utilizable.

Mas la severidad lógica de tal afirmación no pudo convencerme por el pronto. Resistíanse a creer que la democracia francesa, que tan activamente trabajaba por la separación de la Iglesia y del Estado, que de tal modo se había concitado las iras clericales y que había adoptado la enseñanza obligatoria y laica, incurriese en el absurdo de la semienseñanza o de la enseñanza sofisticada; pero hube de rendirme a la evidencia contra todo resto de preocupación, primero por la lectura de gran parte de las obras inscriptas en el catálogo del laicismo francés, en que Dios era reemplazado por el Estado, la virtud cristiana por el deber cívico, la religión por el patriotismo, la sumisión y la obediencia al rey, al autócrata y al clero por el acatamiento al funcionario, al propietario y al patrón; después por la consulta que hice a un notable librepensador que desempeñaba un elevado cargo en el ministerio francés de instrucción pública, quien, expuesto mi deseo de conocer los libros destinados a la enseñanza y depurados de todo error convencional, tras una completa exposición de mi pensamiento y de mis propósitos, me declaró con franqueza y con sentimiento que no había uno siquiera; todos, con un artificio más o menos hábil e insidioso, deslizaban el error que es el necesario cimiento de la desigualdad social. Preguntado además al mismo sujeto si, ya que el ídolo divino estaba en plena decadencia oficial por haberle sustituido con el ídolo de la denominación oligárquica, había algún libro destinado a enseñanza del origen de la religión, me contestó que no había ninguno pedagógico destinado a tal objeto, pero después de evocar sus recuerdos, me dijo que conocía uno que me serviría, *Science et Religion*, de Malvert, lo que me proporcionó la satisfacción de comunicarle que ya estaba traducido al español destinado a libro de lectura de la Escuela Moderna, con el título de *Origen del Cristianismo*.

Entre la literatura pedagógica española vi algunos trataditos de un ilustrado escritor, versado en ciencias, que había recurrido a escribir más para el negocio de los editores que para la educación e ilustración de los niños. Algunos de aquellos libritos fueron utilizados en un principio en la Escuela Moderna, pero, sin poder rechazarlos por erróneos, adolecían de la falta de inspiración en el ideal emancipador de la razón y del método consiguiente. Busqué al citado autor con el propósito de interesarle en mi propósito y de encargarle que escribiera para la nueva biblioteca, pero un editor lo tenía sujeto por un contrato y no pudo complacerme.

En resumen, se inauguró la Escuela Moderna antes de que la creada biblioteca hubiera producido su primera obra, pero ésta, que se publicó poco después, fue brillante creación que ejerció gran influencia sobre la institución reciente; se trata de *Las Aventuras de Nono*, por Juan Grave, especie de poema en que se parangona con graciosa ingenuidad y verdad dramática una fase de las delicias futuras con la triste realidad de la sociedad presente, las dulzuras del país de Autonomía con los horrores del reino Argirocracia. El genio de Grave ha elevado su obra adonde no pueden llegar las censuras de los escépticos antifuturistas, así como ha presentado los males sociales con toda verdad y sin la menor exageración. Su lectura encantaba a los niños, y la profundidad de sus pensamientos sugería a los profesores múltiples y oportunísimos comentarios. Los niños en sus recreos reproducían las escenas de Autonomía, y los adultos, en sus afanes y sufrimientos, veían reflejadas su causa en la constitución de aquella Argirocracia donde imperaba Monadio.

En el *Boletín de la Escuela Moderna* y en diversos periódicos políticos se anunciaron concursos para la adopción y publicación de libros para la enseñanza racional, pero los escritores se retrajeron, limitándome aquí a consignar el hecho sin aventurarme a juzgarle ni a inquirir su causa.

Dos libros edité a continuación, dedicados a la lectura escolar. No se escribieron para las escuelas, pero a la Moderna dediqué su traducción, también con éxito brillante: uno el *Cuaderno manuscrito*, otro *Patriotismo y Colonización* ambos colección de pensamientos de escritores de todos los países presentando las injusticias del patriotismo, los horrores de la guerra y las iniquidades de la conquista. Comprueba el acierto de la elección de tales obras la benéfica influencia ejercida en la inteligencia de los niños, manifestada en la recopilación de pensamientos infantiles publicados en el *Boletín*, y la inquina con que fueron denunciados por la prensa reaccionaria y por los cangrejos del Parlamento.

Muchos han considerado que entre la enseñanza laica y la racionalista no hay diferencia apreciable y en muchos artículos y discursos de propaganda se ha hablado de esas enseñanzas como perfectamente análogas. Para desvanecer ese error publiqué en el *Boletín* el siguiente artículo:

> LA ENSEÑANZA LAICA
>
> La idea enseñanza no debiera de ir seguida de ningún calificativo; responde únicamente a la necesidad y al deber que siente la generación que vive en la plenitud de sus facultades de preparar a la generación naciente, entregándole el patrimonio de la sabiduría humana.
>
> Hallándonos aún en camino de ese ideal, nos vemos frente a frente de la enseñanza religiosa y de la enseñanza política, y a éstas es necesario oponer la racional y científica.
>
> Como tipo de la enseñanza religiosa existe la que se da en las congregaciones monásticas de todos los países, consistente en la menor cantidad posible de conocimientos útiles y recargada de doctrina cristiana e historia sagrada.
>
> Como enseñanza política hay la establecida en Francia poco después de la caída del imperio, encaminada a exaltar el patriotismo y a presentar la administración pública actual como instrumento de buen gobierno.
>
> Se aplica a la enseñanza en determinadas circunstancias la calificación de libre o laica de una manera abusiva y apasionada, con el fin de extraviar la opinión pública; así llaman los religiosos escuelas libres las que pueden fundar contrariando la tendencia verdaderamente libre

de la moderna enseñanza, y se denominan escuelas laicas muchas que no son más que políticas o esencialmente patrióticas y antihumanitarias.

La enseñanza racional se eleva dignamente sobre tan mezquinos propósitos.

En primer lugar no ha de parecerse a la enseñanza religiosa, porque la ciencia ha demostrado que la creación es una leyenda y que los dioses son mitos, y por consiguiente se abusa de la ignorancia de los padres y de la credulidad de los niños, perpetuando la creencia en un ser sobrenatural, creador gel mundo, y al que puede acudirse con ruegos y plegarias para alcanzar toda clase de favores.

Ese engaño, desgraciadamente tan generalizado aún, es causa de graves males, cuyos efectos se han de prolongar todavía en relación con la existencia de la causa.

La misión de la enseñanza consiste en demostrar a la infancia, en virtud de un método puramente científico, que cuando más se conozcan los productos de la naturaleza, sus cualidades y la manera de utilizarlos, más abundarán los productos alimenticios, industriales, científicos y artísticos útiles, convenientes y necesarios para la vida, y con mayor facilidad y profusión saldrán de nuestras escuelas hombres y mujeres dispuestos a cultivar todos los ramos del saber y de la actividad, guiados por la razón e inspirados por la ciencia y el arte, que embellecerán la vida y justificarán la sociedad.

«No perdamos, pues, el tiempo pidiendo a un dios imaginario lo que únicamente puede procurarnos el trabajo humano.»

No ha de parecerse tampoco nuestra enseñanza a la política, porque habiendo de formar individuos en perfecta posesión de todas sus facultades, ésta le supedita a otros hombres, y así como las religiones, ensalzando un poder divino, han creado un poder positivamente abusivo y han dificultado la emancipación humana, los sistemas políticos la retardan acostumbrando a los hombres a esperarlo todo de las voluntades ajenas, de energías de supuesto orden superior, de los que por tradición o por industria ejercen la profesión de gobernantes.

Demostrar a los niños que mientras un hombre depende de otro hombre se cometerán abusos y habrá tiranía, y esclavitud, estudiar las causas que mantienen la ignorancia popular, conocer el origen de todas las prácticas rutinarias que dan vida al actual régimen insolidario, fijar la reflexión de los alumnos sobre cuanto a la vista se nos presenta, tal ha de ser el programa de las escuelas racionalistas.

«No perdamos, pues, el tiempo pidiendo a otros lo que nos corresponde y podemos obtener nosotros mismos.»

Trátase, en suma, de inculcar a los cerebros infantiles la idea de que al ser mayores obtendrán más bienestar en la vida social cuanto más se instruyan, cuanto mayores sean los esfuerzos que ellos mismos hagan para procurárselo; y que más cerca estará el día de la felicidad general cuanto más pronto se hayan desprendido de todas las supersticiones religiosas y similares que hasta ahora han sido la causa de nuestro malestar moral y material.

Por esta razón suprimimos en nuestras escuelas toda repartición de premios, de regalos, de limosnas, todo porte de medallas, triángulos y cintajos por ser imitaciones religiosas y patrióticas, propias únicamente para mantener la fe en talismanes y no en el esfuerzo individual y colectivo de los seres conscientes de su valor y de su saber.

«La enseñanza racional y científica ha de persuadir a los futuros hombres y mujeres que no han de esperar nada de ningún ser privilegiado (ficticio o real); y que pueden esperar todo lo racional de sí mismos y de la solidaridad libremente organizada y aceptada.»

A fin de dar la necesaria extensión a la biblioteca de la Escuela Moderna, publiqué en el *Boletín* y en la prensa local los siguientes anuncios:

A LOS INTELECTUALES
La Escuela Moderna hace un llamamiento vehemente a cuantos escritores amen la ciencia y se interesen por el porvenir de la humanidad, para que propongan obras de textos dirigidas a emancipar al espíritu de todos los errores de nuestros pasados y encaminar la juventud hacia el conocimiento de la verdad y la práctica de la justicia, librando al mundo de dogmas autoritarios, sofismas vergonzosos y convencionalismos ridículos, como los que desgraciadamente forman el mecanismo de la sociedad presente.

CONCURSO DE ARITMÉTICA
Considerando que de la manera como ha sido comprendido hasta el presente el estudio de la aritmética, es uno de los más poderosos medios de inculcar a los niños las falsas ideas del sistema capitalista, que tan pesadamente gravita sobre la sociedad actual; que por él se incita a los alumnos a atribuir al dinero un valor que no debe tener, la Escuela Moderna abre un Concurso para la renovación del estudio de

la aritmética e invita a que a él concurran los amigos de la enseñanza racional y científica que se ocupan especialmente de matemáticas para la composición de una recopilación de problemas fáciles, verdaderamente prácticos y en los cuales no se trate de dinero, de ahorro ni de ganancia. Los ejercicios deberán versar sobre la producción agrícola y manufacturera, la buena repartición de las materias primeras y de los objetos fabricados, los medios de comunicación y de transporte de las mercancías, el trabajo humano comparado con el mecánico y ventajas de las máquinas, los trabajos públicos, etc., etc. En una palabra, la Escuela Moderna desea un conjunto de problemas por el cual la aritmética resulte lo que debe ser en realidad: la ciencia de la economía social, tomando la palabra economía en su sentido etimológico de buena distribución.

Los ejercicios se desarrollarán sobre las cuatro operaciones fundamentales (números enteros, decimales y fraccionarios), el sistema métrico, las proporciones, mezclas y aleaciones, los cuadrados y cubos de los números y la extracción de raíces cuadradas y cúbicas.

Considerando que las personas que respondan a este llamamiento, más han de inspirarse en el sentimiento altruista de educar y enseñar bien a la infancia, que en una idea de beneficio individual, y deseando separarse de la rutina generalmente seguida en estos casos, no nombraremos jurado calificador ni prometeremos premios. La Escuela Moderna editará la Aritmética que más responda a su objeto y se entenderá amistosamente con el autor para la recompensa.

A LOS SEÑORES PROFESORES

A cuantos se dedican a la enseñanza con el noble propósito de educar racionalmente las nuevas generaciones y de iniciarlas en la práctica de sus deberes, para estimularlas a que no abdiquen jamás del goce de sus derechos, rogamos fijen su atención en los anuncios del *Compendio de Historia Universal,* por Clemencia Jacquinet, y *Las Aventuras de Nono,* por Juan Grave, insertas en la cubierta.

Las obras que la Escuela Moderna edita y las que se propone seguir editando, se destinan a instituciones libres, de enseñanza racionalista, círculos de estudios sociales y padres de familia, enemigos de la limitación intelectual que el dogma en sus diversas manifestaciones de religioso, político y social impone para que continúe preponderante y victorioso el privilegio a expensas de la ignorancia de los desheredados.

Todos los enemigos del jesuitismo y de las mentiras convencionales, así como de los errores transmitidos por la tradición y la rutina, hallarán en nuestras publicaciones la verdad sancionada por la evidencia. Como no inspiramos nuestros propósitos en la idea de lucro, las condiciones de venta apenas representan el valor intrínseco o el coste material, y si algún beneficio resultase a la larga siempre quedaría a beneficio de las publicaciones sucesivas.

En el número 6 del año 2º del *Boletín* publiqué el siguiente artículo y la contestación de Reclus a una demanda que le hice, que me complazco en insertar a continuación por la elevación con que trata un asunto interesantísimo relacionado íntimamente con mi concepto de la enseñanza racionalista:

La enseñanza de la geografía

Toda la historia de la ciencia moderna, comparada con la escolástica de la Edad Media, puede resumirse en una palabra: vuelta a la naturaleza. Para aprender, tratemos antes de comprender. En vez de raciocinar sobre lo inconcebible, comencemos por ver, por observar y estudiar lo que se halla a nuestra vista, al alcance de nuestros sentidos y de nuestra experimentación.

Sobre todo en geografía, es decir, precisamente en el estudio de la naturaleza terrestre, conviene proceder por la vista, por la observación directa de esta Tierra que nos ha hecho nacer y que nos da el pan que nos alimenta; pero la enseñanza de la geografía, como viene continuándose aún en nuestras escuelas, lleva la marca de los tiempos escolásticos: el profesor pide al alumno un acto de fe, pronunciado además en términos cuyos sentidos no domina; recita de corrido los nombres de los cinco ríos de Francia, de tres cabos, de dos golfos y de un estrecho; sin referir esos nombres a ninguna realidad precisa. ¿Cómo podría hacerlo, si el maestro jamás le presenta ninguna de las cosas de que habla y que se hallan, no obstante, en la misma calle, ante la puerta de la escuela, en los arroyos y en los charcos de agua que forman las lluvias?

¡Volvamos a la naturaleza!

Si tuviese la dicha de ser profesor de geografía para niños, sin verme encerrado en un establecimiento oficial o particular, me guardaría bien de comenzar por poner libros y mapas en manos de mis infantiles compañeros; quizá ni pronunciaría ante ellos la palabra griega «geografía», pero sí les invitaría a largos paseos comunes, feliz de aprender en su compañía.

Siendo profesor, pero profesor sin título, cuidaría mucho de proceder con método en esos paseos y en las conversaciones suscitadas por la vista de los objetos y de los paisajes. Es evidente que el primer estudio debe variar en sus detalles según la comarca que se habite; nuestras pláticas no tendrían el mismo aspecto en un país llano que en otro montañoso, en las regiones graníticas que en las calcáreas, en una playa o a la orilla de un río que en un páramo; en Bélgica no hablaría lo mismo que en los Pirineos o en los Alpes. Nuestro lenguaje en ninguna parte sería absolutamente idéntico, porque en todas hay rasgos particulares e individuales que señalar, observaciones preciosas que recoger que nos servirían de elementos de comparación en otros distritos.

Por monótono y pobre que fuese nuestro punto de residencia, no faltaría la posibilidad de ver, si no montañas o colinas, al menos algunas rocas que rasgaran la vestidura de tierras más recientemente depositadas; por todas partes observaríamos cierta diversidad de terrenos, arenas, arcillas, pantanos y turbas; probablemente también areniscas y calcáreas; podríamos seguir el margen de un arroyo o de un río, ver una corriente que se pierde, un remolino que se desarrolla, un reflujo que devuelve las aguas, el juego de las arrugas que se forma en la arena, la marcha de las erosiones que despojan parte de una ribera y de los aluviones que se depositan sobre los bajíos. Si nuestra comarca fuese tan poco favorecida por la naturaleza que careciese de arroyo en nuestras inmediaciones, a lo menos habría alguna vez aguaceros que nos suministrarían arroyos temporales con sus cauces, acantilados, rápidos, contenciones, compuertas, circuitos, revueltas y confluentes; en fin la variedad infinita de fenómenos hidrológicos.

¿Pues y en el cielo? En él podemos estudiar la serie infinita de los movimientos de la Tierra y de los Astros: la mañana, el mediodía, el crepúsculo y la obscuridad en que se descubren las estrellas; las nieves y las nubes que reemplazan al cielo azul, y luego, los grandes y raros espectáculos de la tempestad, el relámpago, el arco iris y acaso la aurora boreal. Todos esos movimientos celestes comenzarán a precisarse en nuestro entendimiento por una matemática inicial, ya que todos los astros siguen un camino trazado de antemano y que les vemos pasar sucesivamente por el meridiano, dándonos así la ocasión de precisar los puntos cardinales y de reconocer los diversos puntos del espacio.

A estos paseos alrededor de nuestra residencia habitual, las circunstancias de la vida podrían añadir largas excursiones, verdaderos viajes, dirigidos con método, porque no se trata de correr al azar, como aquellos americanos que dan su vuelta al Mundo Antiguo, y que suelen hacerse más ignorantes a fuerza de amontonar desordenadamente lugares y personas en sus cerebros, confundiéndose todo en sus recuerdos: los bailes de París, la revista de la guardia de Postdam, las visitas al papa y al sultán, la subida a las pirámides y la adoración al Santo Sepulcro. Tales viajes son de lo más funesto que pueda imaginarse, porque matan la potencia de admiración que ha de crecer en el individuo al mismo tiempo que su conocimiento, y acaban por estragarle de modo que llega a despreciar toda belleza. Recuerdo a propósito, la sensación de horror que experimenté oyendo a un joven guapo, muy instruido, muy desdeñoso, y, tan tonto como sabio, decir perezosamente acerca del Mont-Blanc: «¡Ah, sí; es necesario que yo vea esa camama!»

Para evitar semejantes aberraciones es importante proceder a las excursiones y a los viajes con el mismo cuidado de método que en el estudio ordinario para la enseñanza; pero es preciso evitar también todo pedantismo en la dirección de los viajes, porque ante todo el niño ha de encontrar en ellos su alegría: el estudio debe presentarse únicamente en el momento psicológico, en el preciso instante en que la vista y la descripción entren de lleno en el cerebro para grabarse en él para siempre. Preparado de ese modo, el niño se encuentra ya muy adelantado, aunque no haya seguido lo que se llama un curso: el entendimiento se halla abierto y tiene deseo de saber.

Tarde o temprano, siempre demasiado pronto, llega el tiempo en que la cárcel de la escuela encierra al niño entre sus cuatro paredes; y digo *cárcel*, porque el establecimiento de educación lo es casi siempre, ya que la palabra escuela perdió hace mucho tiempo su primera significación griega de *recreo* o de *fiesta*. Aparecen los libros y con ellos la primera lección oficial de geografía que pronuncia el profesor ante sus alumnos; ha llegado el momento de someterse a la rutina y de poner en las manos del niño un atlas sellado por el Consejo de Instrucción pública. Por mi parte me guardaré de tocarle; ante todo deseo ser perfectamente lógico en mis explicaciones: después de haber dicho que la Tierra es redonda, que es una bola que rueda en el espacio como el sol y la luna, no había de presentar su imagen en forma de una hoja de papel cuadrangular con figuras coloreadas que representan Europa, Asia, Africa, Australia, ¡las dos mitades del Nuevo Mundo!

¿Cómo salir de esta contradicción flagrante? Habré de imitar a los antiguos magos pidiendo que se me crea bajo la fe de mi palabra, o me veré obligado a intentar que los niños comprendan que la esfera ha cambiado en planisferio; es decir, a ver si comprendo bien la asociación de estas dos palabras *esfera plana*; pero la explicación quedará forzosamente coja, porque sólo es posible por medio de las altas matemáticas, no accesibles aún a los niños. Es preciso que el profesor, en el umbral de su clase, no atente al perfecto compañerismo de inteligencia que debe existir entre los alumnos y él para la comprensión de las cosas.

Además sé por experiencia que esos mapas, de escalas y de proyecciones desiguales, harían tanto daño a mis alumnos como el que causaron a mí mismo, y el, que sin duda habrán causado al lector; porque nadie logra borrar completamente las impresiones contradictorias que recibió por diversos mapas, ya que según las proyecciones que hemos visto sucesivamente, las formas geográficas han tomado un aspecto flotante e indeciso, y las proporciones entre las diferentes comarcas no se presentan con limpieza a nuestra consideración, porque las hemos percibido en los atlas de toda clase con múltiples deformaciones, infladas o enflaquecidas, estiradas, prolongadas o truncadas en diversos sentidos y, por consecuencia, nuestra fuerza de presión intelectual queda embotada; seguros de antemano de no alcanzar la precisión de vista, ni siquiera tratamos de obtenerla.

Para evitar esa indiferencia que impide la sinceridad y el ardor en el estudio, es, pues, necesario, indispensable, proceder a la fijación de las formas y de los puntos mayores de la geografía por el empleo de globos escolares, respecto del cual el profesor debe observar una intransigencia absoluta, siéndole verdaderamente imposible servirse de mapas sin traicionar la causa misma de la enseñanza que se le ha confiado.

¿Cuál es el globo mejor como objeto escolar? En mi concepto, una simple bola sostenida sobre un aparato de madera al lado del maestro, quien la toma, la mueve y la confía a sus alumnos. Las líneas que trace en ella han de ser sencillas: dos achatamientos indican los polos; una línea negra sobre el vientre marca el ecuador; después, cuando llega el caso de hablar del vaivén de las estaciones, se añade el trazado de la elíptica de una parte y de otra el ecuador; nada de meridianos ni paralelos de latitud; eso vendrá después; basta indicar el punto en que se encuentra la escuela, corresponda a Bruselas o a cualquiera otra población de la superficie de la Tierra; además puede trazarse de polo a polo sobre ese primer punto del meridiano inicial. Tal ha de ser el primer globo, que estará impregnado de barniz graso que se pueda dibujar con yeso y borrar, lo que permitirá al maestro hacer sus demostraciones y marcar sus viajes teóricos sobre la redondez planetaria.

Después utilizarán los alumnos otros globos con ventaja, sobre todo si los han manejado ellos mismos y han trazado con propia mano los continentes, los mares y todo cuanto se les enseñó en la escuela. En esto consiste el verdadero método: ver, crear de nuevo, y no repetir mnemónicamente.

No cabe dudarlo: por la vista directa del globo, reproducción proporcional y exacta de la Tierra misma, ha de procederse a la primera educación geográfica del niño; pero esta enseñanza será pronto detenida por la exigüidad del instrumento. Un globo a la 40 millonésima, de un metro de circunferencia, no deja de ser una máquina pesada, difícil de manejar, sobre todo por niños, y la dificultad crece en proporción geométrica con las dimensiones del objeto, porque si el globo se construye a la escala de la 20 millonésima, con dos metros de circunferencia, se necesita suspenderle del techo para moverle con el dedo, según las necesidades de la enseñanza. Por último, un instrumento esférico de mayores dimensiones, bajo la forma ordinaria, se hace de tal manera incómodo que no se sabe dónde guardarle, acabando por quedar olvidado en el depósito de los trastos inútiles. Así acabaron los grandes globos de Olearius y de Coronelli, que, por otra parte, carecerían de valor geográfico en nuestros días.

Pero si las esferas de esas dimensiones considerables estorban demasiado para que se les coloque en las salas de nuestras escuelas y de nuestras bibliotecas y en las naves de nuestros institutos, no por eso se les debe descuidar en la enseñanza; al contrario, conviene establecerlas como monumentos distintos, con su arquitectura especial y original, constituyendo una nueva rama del arte moderno, como parece empieza a comprenderse ya, a pesar de que los resultados hasta ahora obtenidos no pasan del mediano. Los grandes globos construidos, especialmente el de 40 metros de circunferencia (escala a la millonésima) que se vió en la exposición de París en 1889, no tenían absolutamente significación desde el punto de vista de la geografía precisa, y su único mérito, que no era posible desdeñar, consistía en mostrar a los paseantes admirados la enormidad de los mares, comparados con nuestros pequeños territorios políticos, y el valor relativo en extensión de las diversas comarcas. La obra del porvenir impondrá a cada gran ciudad la construcción de un globo de grandes dimensiones, a la millonésima, a la 500.000ª, a la 100.000ª, o más aún; reproduciendo la verdadera forma de la corteza terrestre con su relieve exacto. Proyectos detallados de esas construcciones futuras han sido ya presentados al público, y estamos en época en que la ejecución puede comenzarse con toda seguridad. Los astrónomos, anticipándose a los geógrafos modernos, han comprendido la conveniencia de la construcción del relieve lunar en grandes proporciones.

Es indudable que esos monumentos científicos serán imprescindibles para la enseñanza del público adulto; pero aquí hablamos de las lecciones dedicadas a los alumnos de nuestras escuelas, donde no caben los globos de gran diámetro. No importa; si hay dificultad de exhibir el globo, ¿quién nos impide mostrar fragmentos? Si un globo es demasiado grande, se pueden hacer cortes de todas las dimensiones. ¡He aquí un segmento a la 10 millonésimas! ¡Otro a las 5 millonésimas! ¡Hasta la 10 milésima, la Suiza de Person, parte de un globo de 400 metros de circunferencia!

Ya que se han encontrado los medios industriales, pueden en lo sucesivo hacerse discos de todas las escalas en la proporción conveniente, y, nótese bien, no se trata sólo de geografía, sino también de astronomía, y vosotros, escrutadores de lo que se llama la esfera celeste, tendréis ventajas en servirios de discos globulares en hueco, como nosotros la hemos tenido sirviéndonos de los discos convexos. Los errores de los mapas planos son los mismos para vosotros que para nosotros; puedo, pues, en toda confianza, contar con vosotros para tomar parte en el movimiento pacíficamente revolucionario que intentamos en las escuelas.

Hablamos de progreso, pero considerado desde cierto punto de vista, nos hallamos en un período, si no de retroceso, al menos de mudanzas desagradables, y hemos de recorrer mucho camino para alcanzar un período correspondiente en grandeza al de las edades babilónicas. Los recuerdos más lejanos de la antigüedad nos presenta la Caldea, aquel país donde en cada población sobresalía una «Torre de Estrellas». Sobre las habitaciones bajas se elevaba siempre el observatorio; los hermosos jardines aéreos de la legendaria Semíramis poetizaban con su frondosa vegetación y con el canto de sus pájaros la alta torre superior desde la que los astrónomos interrogaban los espacios celestes. No había ciudad completa si no poseía uno de esos templos de la ciencia consagrados al estudio de la Tierra y del Cielo.

Una leyenda harto conocida refiere que los hombres, unidos en un solo pueblo y trabajando en la erección de uno de esos edificios del saber, la torre de Babel, se encontraron repentinamente afectos de ignorancia mutua los unos por los otros, y no comprendiéndose partieron cada uno por su lado y quedaron convertidos en extranjeros y enemigos. Actualmente hablamos de nuevo una lengua común, la del estudio científico; nada nos impide unirnos aún más estrechamente que nunca; ya hemos llegado al tiempo en que sin temor podemos renovar la construcción comenzada. De esperar es que en un porvenir próximo cada población construirá su nueva Torre de Estrellas donde los ciudadanos acudan a observar cómodamente los fenómenos del Cielo e instruirse en las maravillas de la Tierra, el planeta natal.
Eliseo Reclus.

Después de leído el precedente artículo, escribí al Instituto Geográfico de Bruselas pidiéndole me recomendara un libro de texto para la enseñanza de la Geografía, cuya petición fue contestada por el insigne geógrafo Reclus con la siguiente carta:

> Señor Ferrer Guardia:
> Querido amigo: En mi concepto no hay texto para la enseñanza de la geografía en las escuelas primarias. No conozco uno solo que no esté inficionado del veneno religioso, del patriótico, o, lo que es peor aún, de la rutina administrativa.
> Por otra parte, cuando los niños tienen la dicha, que seguramente tendrán en la Escuela Moderna, de hallarse bajo la dirección de profesores inteligentes y amantes de su profesión, ganan con no tener libros. La enseñanza oral, sugestiva, dada por el que sabe a los que comprenden, es la mejor. Después de haber recogido la semilla dan la cosecha por la redacción de notas y la construcción de mapas. No obstante, puede admitirse que, hasta para los profesores, la literatura geográfica se enriquezca con un manual que sirva de guía y de consejo en la enseñanza de esta ciencia.
> ¿Quiere usted que me dirija para ellos a N. .., persona que me parece capaz de escribir esta obra perfectamente en el criterio indicado?
> Le saluda cordialmente su amigo
> Eliseo Reclus.
> Bruselas, 26 de febrero de 1903.

En el número 7 del *Boletín* publiqué el siguiente prefacio al segundo libro de lectura titulado:

El origen del cristianismo

La antigua pedagogía, la que tenía por objeto positivo, aunque no declarado, enseñar al pueblo la inutilidad del saber, a fin de que, acomodándose a las privaciones materiales en la vida, soñase compensaciones celestiales de felicidad imperecedera o temiese castigos eternos, solía rellenar los libros de primera lectura de la infancia con cuentecillos, anécdotas, relatos de viajes, trozos de literatura clásica, etc.

Con esa mezcla de lo bonito y de lo útil iba el error; se llenaba un fin social inicuo; puesto que lo único que arraigaba en la inteligencia era la idea mística, la que establece relaciones entre un poder sobrenatural y los hombres por mediación de sus sacerdotes, base fundamental de la existencia de privilegiados y desheredados en la sociedad, culpable de todas las injusticias que, según su posición, sufren y practican los hombres.

Entre muchos libros de la clase indicada, afectos todos del mismo mal, recordamos uno que inserta un discurso académico, maravilla de elocuencia española, destinado a ensalzar la Biblia, cuya síntesis, entre galas insuperables de lenguaje, es la bárbara sentencia de Omar condenando al fuego la Biblioteca de Alejandría: «en el libro santo está la verdad única y absoluta: si todos esos libros son verdaderos, sobran; si no lo son, merecen el fuego.»

La Escuela Moderna, que aspira a formar inteligencias libres, responsables, aptas para vivir en el desarrollo total de las facultades humanas, fin exclusivo de la vida, necesariamente había de adoptar para el caso concreto de la formación de su libro de segunda lectura una composición diferente, de acuerdo con su método de enseñanza, y a ese fin, enseñando verdades comprobadas, sin desinteresarse de la lucha entablada entre la luz y las tinieblas, ha creído necesario presentar un trabajo crítico que, con datos positivos e irrefutables, ilumine la inteligencia del alumno, si no en el período de la infancia, después, hombre ya, cuando intervenga en el mecanismo-social, y en él tropiece con los errores, los convencionalismos, la hipocresía y las infamias que se ocultan bajo el manto del misticismo.

Abona esta composición la circunstancia importante de que nuestros libros no se dirigen exclusivamente a la infancia, sino que sirven también para las escuelas de adultos que por todas partes se crean por iniciativa de multitud de sociedades obreras, librepensadoras, cooperativas, recreativas, círculos de estudios sociales y cuantas agrupaciones progresivas e ilustradas existen y se forman, ansiosas de combatir ese analfabetismo que sostiene la tradición y es naturalmente refractario al progreso. Al efecto juzgamos perfectamente adecuado el presente extracto que, con el título de Origen del Cristianismo, hemos formado del libro *Ciencia y Religión*, de Malvert, donde los mitos, los dogmas y las ceremonias se presentan en su sencillez primitiva, unas veces como símbolo exotérico que oculta una verdad para el iniciado y deja al ignorante una conseja, y otras como una adaptación de creencias anteriores impuestas por la torpe rutina y conservada por la malicia utilitaria.

Firmes en nuestra convicción, posesionados con la prueba de la evidencia de que nuestro propósito y nuestro trabajo es racional y útil, lo damos al público, deseando que dé todo el fruto que de él nos hemos prometido, restándonos observar que algunas supresiones necesarias para la infancia, indicadas con puntos suspensivos, pueden hallarlas los hombres en la edición completa.

F. Ferrer Guardia.

XII. Conferencias dominicales

No se limitó la Escuela Moderna a la acción pedagógica. Sin olvidar un momento su carácter predominante y su objeto primordial se dedicó también a la instrucción popular, organizando una serie de conferencias dominicales públicas, a que acudían los alumnos, sus familias y gran número de trabajadores deseosos de aprender.

Las primeras conferencias carecieron de método y de la continuidad necesaria, por haber tenido que recurrir a conferenciantes incompetentes en determinados asuntos, que exponían en una sola conferencia sin relación con la anterior ni con la siguiente. Otras veces, por falta de conferenciantes se daban interesantes lecturas que suplían, sin desventaja, a las conferencias orales.

El público concurría con asiduidad, y los anuncios, previamente publicados en la prensa liberal de la localidad, eran perfectamente atendidos.

En vista de estos resultados y deseando aprovechar tan buenas disposiciones populares, celebré un convenio con los doctores D. Andrés Martínez Vargas y D. Odón de Buen, catedrático de la Universidad de Barcelona, para crear en la Escuela Moderna una Universidad popular, en la que aquella ciencia que en el establecimiento del Estado se da, o mejor dicho, se vende a la juventud privilegiada, se diera gratuita al pueblo, como una especie de restitución, ya que todo ser humano tiene derecho a saber y la ciencia no debe vincularse en una clase por ser producto de los observadores, sabios y trabajadores de todas las épocas y de todos los países.

En efecto, las conferencias adquirieron entonces continuidad y verdadera regularidad, con arreglo a la especialidad de los conocimientos de ambos conferenciantes. El Dr. Martínez Vargas explicó fisiología e higiene y el Dr. De Buen, geografía y ciencias naturales, alternando, desde entonces, los domingos, hasta que se inició la persecución, y sus explicaciones eran ávidamente recogidas por los alumnos de la Escuela Moderna y por los asiduos concurrentes, formando aquel auditorio de niños y adultos un bellísimo conjunto que en una de las reseñas que de las conferencias se publicaban constantemente en la prensa liberal de Barcelona, fue calificado por un periodista, de «misa de la ciencia».

Los eternos apaga-luces, los que fundan sobre las tinieblas de la ignorancia popular el sostenimiento de sus privilegios, sufrieron mucho al ver aquel foco de ilustración que brillaba con tanta intensidad, y no sería poca su complacencia al ver a la autoridad, puesta a su servicio, extinguirle brutalmente.

Al dedicar este recuerdo a aquellos grandiosos hechos me anima el propósito de renovarlos sobre bases más firmes que pueden llegar a ser indestructibles.

Recuerdo con sensación placentera aquella hora semanal dedicada a la confraternidad por la cultura.

Inauguró las conferencias el 15 de diciembre de 1901, D. Ernesto Vendrell, representando a Hipatía como mártir de las ideas generales de la Ciencia y de Belleza, víctima de aquel fanatismo del obispo Cirilo.

Siguieron en los domingos sucesivos diferentes conferenciantes, como queda indicado, hasta que en 5 de octubre de 1902 se normalizaron las conferencias constituyendo dos cursos científicos.

En aquel día el Dr. Andrés Martínez Vargas, catedrático de enfermedades de la infancia en la Facultad de Medicina de Barcelona dió su primera lección disertando sobre la higiene escolar, exponiendo en términos sencillos, al alcance de la inteligencia de los niños, las principales nociones higiénicas, y el Dr. D. Odón de Buen, catedrático de la Facultad de Ciencias, expuso la utilidad del estudio de la Historia Natural.

La prensa en general se manifestó simpática a la Escuela Moderna; pero a la aparición del programa del tercer año escolar desentonaron dos diarios locales: *El Noticiero Universal* y el *Diario de Barcelona*. Dijo éste y aquél reprodujo lo siguiente, que merece recordarse como manera típica con que la prensa conservadora trata los asuntos progresivos:

«Hemos visto el prospecto de un centro de enseñanza establecido en nuestra ciudad, en el que se prescinde de dogmas y sistemas, pues se propone librar al mundo de «dogmas autoritarios, sofismas vergonzosos y convencionalismos ridículos.» Nos parece que todo eso quiere decir que lo primero que se enseñará a los alumnos y alumnas, pues la escuela es mixta, es a negar la existencia de Dios, con lo que se formarán buenos hijos, y en particular jóvenes destinadas a ser buenas esposas y madres de familia a su manera...»

Continuando con irónico estilo, argumenta como mejor le parece y termina con esta insidiosa indicación:

«La tal escuela cuenta con el concurso de dos doctores catedrático el uno de Ciencias Naturales (don Odón de Buen), y el otro de la Facultad de Medicina. A éste no le nombramos por si se hubiese padecido algún error al incluir su nombre entre los que prestan su apoyo a semejante obra.»

Afortunadamente los daños que causa la prensa se remedian con la prensa misma, y a la insidia clerical respondió *El Diluvio* con amplitud y energía.

Los clericales despechados

El *Brusi* como autor y *El noticiero* por tijeretearlo, ambos han cometido el más ridículo dislate con la publicación de un suelto contra una escuela laica que funciona en Barcelona con aplauso de todos los ciudadanos liberales, que son mayoría en esta democrática ciudad; nos referimos a la Escuela Moderna, la cual, con motivo de la inauguración del próximo curso, ha pasado circulares repartidas como encaje en todos los periódicos locales, excepto, suponemos, en el *Brusi* y en su apéndice *El noticiero*, que, con objeto, sin duda, de halagar su clientela, han tirado contra la entidad laica de la calle de Bailén.

No vamos a defender a la Escuela Moderna porque nuestros lectores no necesitan para enterarse de la bondad de ella, el reclamo, que, por otra parte, no hace falta a la Escuela; sus invectivas han sólo demostrado que el *Brusi* con toda su religiosidad, no está exento de odios ni despechos, ni de mentir de la manera descubierta que lo hace en el suelto aquel que rezuma mala fe por todos lados. Dice el rancio periódico que en la Escuela expresada se enseña a no creer en Dios, a hacer escarnio de la religión y no sabemos cuántos horrores más que el Diario vetusto ha visto espantado en las palabras *Ni dogmas ni sistemas* con que la entidad de referencia revela su organización, del todo independiente. No, rancio periódico, no; anda usted muy mal desconcertado y falta a la verdad al decir que en aquel centro de enseñanza se niega a Dios e inculca tal creencia en los niños; eso no lo ha leído en ningún párrafo del prospecto de referencia. Lo que ha escocido al Brusi, haciéndole derramar todo el despecho y mala fe impropios de un cristiano de veras, es este párrafo: *Ni dogmas ni sistemas, moldes que reducen la vitalidad a la estrechez de las exigencias de una sociedad transitoria que aspira a definitiva; soluciones comprobadas por los hechos, teorías aceptadas por la razón, verdades confirmadas por la evidencia, esto es lo que constituye nuestra enseñanza, encaminada a que cada cerebro sea el motor de una voluntad y a que las verdades brillen por sí en abstracto, arraiguen en todo entendimiento y, aplicadas a la práctica, beneficien a la humanidad sin exclusiones indignas ni exclusivismos repugnantes.*

Eso le ha llegado a la entraña al *Diario de Barcelona*, que no puede resignarse a que la enseñanza laica barra a la clerical; a que los rezos de las escuelas conventuales se conviertan en cánticos a la Libertad y a la Ciencia pura; a que el párroco ignorante y el religioso astuto, ladrón de inteligencias y tirano de cerebros cohibidos, sean sustituídos por el profesor independiente que deja a un lado la religión para infundir conocimientos en absoluto laicos basados en la Naturaleza y en la Ciencia. El Brusi sabe con toda certeza que en esas escuelas laicas cuyo avance ya le arredra, no se enseña nada contra la religión ni el dogma; no preocupan allí tales cuestiones porque creen que los sentimientos religiosos deben nacer e infundirse a los pequeñuelos en el seno del hogar doméstico; hay en tales centros de enseñanza la sana convicción de que en ellos debe formarse el hombre de ciencia y de conocimientos humanos, al paso que la familia, y la sociedad luego, deben formar al hombre de creencias religiosas si esas son sus inclinaciones. Y no venga el rancio periódico con afirmaciones de que en tales enseñanzas (en las ateas) se han formado los anticlericales, porque ahí están los Voltaire, los Volney, los Darwin, los Víctor Hugo, los Zola, los Combes y demás pléyade de hombres insignes y espíritus independientes que educados todos por jesuitas, frailes o curas, y conocedores profundos del mal disfrazado de bien en que se criaron, se han vuelto contra aquéllos y han demolido el edificio clerical con la fuerza de su talento, con las armas de su saber y las energías de su voluntad. Ni venga, por tanto, el Brusi con alarmas y razones infundadas que pueden hacer mella en familias apocadas o en cerebros menguados; reconozca con nobleza que la educación clerical pierde bríos a medida que invade el terreno de la enseñanza la escuela liberal; y al menos cállese y resígnese ante la propaganda lícita que hacen los ciudadanos liberales en pro de la enseñanza laica frente a frente de la otra, de la monástica, retrógrada y medioeval, en pugna con las sociedades y conocimientos progresivos actuales. Créanos el vetusto Diario: si continúa su insensata labor, el vacío que ha tiempo le rodea le dejará solo y aislado, aun por parte de aquellos que, siguiéndole por tradición, no llevan tan lejos su mojigatería ni juzgan prudente enseñar la oreja en tanta cantidad.

XIII. Resultados positivos

Al comenzar el segundo año escolar publiqué e hice circular el siguiente programa:

> Confirmamos nuestro programa anterior: probado por el éxito, sancionada la teoría por la práctica, el criterio que desde un principio informó nuestro propósito y que preside la vida de la Escuela Moderna, queda firme e invariable.
> LA CIENCIA ES LA EXCLUSIVA MAESTRA DE LA VIDA:
> Inspirada en este lema, la Escuela Moderna se propone dar a los niños sometidos a su cuidado, *vitalidad cerebral propia*, a fin de que cuando se emancipen de su racional tutoría, continúen siendo en el mundo social enemigos mortales de prejuicios de toda clase, propendiendo a formarse convicciones razonadas, propias, sobre todo lo que sea objeto del pensamiento.
> Además, como no se educa cumplidamente disciplinando sólo la inteligencia, sino que ha de contarse con el sentimiento y la voluntad, en la educación del alumno ponemos exquisito cuidado para que las representaciones intelectuales sugeridas al educando, se transformen

en jugo de sentimiento; porque éste, cuando adquiere cierto grado de intensidad, se difunde de modo inefable por todo el ser, colorando y perfilando el carácter de la persona. Y como la vida práctica, o sea la conducta del hombre, gira indefectiblemente dentro del círculo del carácter, el joven educado por semejante manera ha de convertir la ciencia en maestra única y benéfica de la vida.

Para completar nuestro criterio es necesario indicar que somos entusiastas partidarios de la enseñanza mixta, que consiste en que los niños y las niñas obtengan idéntica educación. De esa manera se compenetrarán hondamente la humanidad femenina y la masculina, llegando a ser la mujer, en la vida privada y social *la compañera del hombre* en el trabajo humano, que tiene por fin el mejoramiento y la felicidad de la especie.

El trabajo indicado, limitado casi exclusivamente al hombre, ha sido incompleto hasta el día, y, por tanto, ineficaz; en lo sucesivo ha de ser encomendado al hombre y a la mujer. Para esto se necesita que la mujer no esté recluída en el hogar; que se extienda el radio de su acción hasta donde llega la sociedad. Mas para que la compañera del hombre, con su influencia moral, produzca intensos y benéficos frutos, han de ser los conocimientos que se le den, en cantidad y calidad, los mismos que el hombre se proporciona.

La ciencia, penetrando en el cerebro de la mujer alumbrará, dirigiéndole certeramente, el rico venero de sentimiento que es nota saliente y característica de su vida; ese elemento, separado de su natural aplicación con miras antiprogresivas, ha de convertirse en buena nueva de paz y de felicidad en el porvenir para el mundo moral.

La Escuela Moderna

Sabiendo lo conveniente que es en nuestro país sobre todo, la difusión de los conocimientos de Ciencias Naturales y de Higiene; en particular de los niños, la Escuela Moderna se propone coadyuvar a la realización de este fin. Para ello cuenta con el concurso de dos peritísimos catedráticos. El Sr. De Buen, catedrático de Ciencias Naturales, y el Sr. Martínez Vargas, catedrático de Enfermedades de los Niños, quienes darán conferencias alternativamente, acerca de sus respectivas materias científicas, en el local de este centro de enseñanza.

En el *Boletín* de 30 de junio de 1903, pude publicar la siguiente declaración:

UN AÑO MÁS

Contamos ya dos años de vida, de exposición de nuestro propósito, de su justificación con nuestra práctica, de crédito y prestigio entre cuantas personas nos han favorecido con su cooperación.

No ya una garantía de triunfo, sino un triunfo positivo representa el hecho de poder afirmar con seguridad y firmeza lo que dejamos consignado.

Puestos en esta vía, desvanecidos los obstáculos que a nuestro paso oponían el interés y la preocupación, animados con la idea de que a quien ha hecho lo difícil, no le será costoso perseverar en lo ya fácil, y contando siempre con esa solidaridad intelectual progresiva que desvanece con su potente luz las negras obscuridades de la ignorancia, continuaremos nuestra obra en septiembre próximo, tras el reposo de la vacación veraniega.

Nos complace en extremo poder repetir lo que en idéntica circunstancia y lugar dijimos el año pasado.

La Escuela Moderna y su *Boletín* rebosan vida, porque a una necesidad hondamente sentida han correspondido con un medio de satisfacerla perfectamente: mas no necesitábamos tanto para perseverar, como, sin formular promesas ni programas, perseveraremos hasta el límite de lo posible. La Redacción.

En el mismo número apareció la siguiente clasificación por sexos y números de alumnos presentes en la Escuela Moderna durante los dos primeros años escolares:

Meses	Niñas en 1901-2	Niñas en 1902-3	Niños en 1901-2	Niños en 1902-3	Totales 1ª año	Totales 2ª año
Día de apertura	12	-	18	-	30	-
Septiembre	16	23	23	40	39	63
Octubre	18	28	25	40	43	68
Noviembre	21	31	29	40	50	71
Diciembre	22	31	30	40	52	71
Enero	22	31	32	44	54	75
Febrero	23	31	32	48	55	79
Marzo	25	33	34	47	59	80
Abril	26	32	37	48	63	80
Mayo	30	33	38	48	68	81
Junio	32	34	38	48	70	82

Con especial complacencia, en prueba del adelanto triunfal de la Escuela Moderna, inserto los dos artículos siguientes, que publiqué en el *Boletín*, año 3º, número I:

INAUGURACIÓN DEL AÑO ESCOLAR
El día 8 del corriente se celebró la inauguración del presente curso.

Gran concurrencia de alumnos, sus familias y ese público simpático a nuestra institución que asiste con asiduidad a las conferencias públicas, llenaban los recientemente ampliados salones, y antes de la hora señalada contemplaba las colecciones que les dan aspecto de museo científico.

Comenzó el acto por un breve discurso del director, declarando abierto el tercer curso escolar, en el que, facilitado por la práctica y la experiencia y fortalecido por el éxito, se proseguirá con energía y convicción el propósito que anima a la Escuela Moderna.

El Dr. de Buen se felicitó por las mejoras materiales introducidas en la Escuela ratificando el ideal de que la enseñanza refleje fielmente la naturaleza, ya que el conocimiento no puede ser otra cosa que la percepción que de lo existente adquiere nuestra inteligencia.

Expuso, por encargo especial de sus hijos, alumnos de esta Escuela y residentes aún en la estación veraniega, las manifestaciones de fraternal compañerismo para sus condiscípulos, para quienes desean alcanzar la posibilidad de vivir en plena naturaleza, a la orilla del mar, internándose en el bosque, corriendo por la llanura, trepando por los riscos de escarpada montaña, observando y estudiando sin cesar las maravillas naturales.

Dijo que aun en la enseñanza oficial, o mejor en parte de los profesores a ella dedicados, a pesar de lo que tiene de arcaica como representación de las antiguas clases sociales, existen iguales tendencias que las sustentadas por la Escuela Moderna, como lo prueba la asistencia del mismo orador, la del Dr. Martínez Vargas y también la de algunos maestros presentes al acto.

Anunció que la Escuela Moderna tiene ya una análoga en Guadalajara, donde se abrirá próximamente una escuela dirigida al mismo fin, producto del legado de un altruista que al morir quiso contribuir a la redención de la infancia, librándola de la ignorancia y de la superstición, y manifestó la esperanza y el vivísimo deseo de que los ricos al morir comprenderán al fin que, mejor que el loco egoísmo de dedicar sus riquezas a la fundación de una felicidad ilusoria de ultratumba, deben restituirlas a la sociedad en beneficio de los desheredados.

El Dr. Martínez Vargas afirmó, contra quienes crean lo contrario, que la enseñanza puramente científica y racional de la Escuela Moderna es base positiva de la buena educación, inmejorable para la relación de los niños con sus familias y con la sociedad, y única para la formación moral e intelectual del hombre futuro.

Se congratuló de que la higiene escolar practicada ya en la Escuela Moderna en años anteriores por medio del examen periódico de los alumnos, en evitación de las enfermedades infecciosas, y expuesta teóricamente en las conferencias públicas, haya tenido sanción solemne en el congreso higiénico recientemente celebrado en Bruselas.

Al hacer el resumen de sus conferencias y con el propósito de auxiliar la explicación oral con la percepción visual, recurrió a las proyecciones luminosas, presentando una serie de figuras que representan ejercicios higiénicos, tipos característicos de varias enfermedades, órganos enfermos, etc., que el conferenciante explicaba detalladamente. Un incidente ocurrido en el aparato proyector, subsanable fácilmente para conferencias sucesivas, interrumpió la presentación de las figuras, aunque no la explicación, que continuó versando sobre la maléfica influencia del corsé, lo ocasionado que es a la infección microbiana el polvo producido por el arrastre de los vestidos, el inconveniente de que los niños jueguen con tierra por el peligro de dicha infección, las habitaciones y talleres insalubres, etc., terminando con la promesa de continuar durante el curso que se inaugura la serie de sus explicaciones higiénicas.

La concurrencia manifestó su complacencia al terminar el acto, y los alumnos, radiantes de alegría, ofrecían animadísimo cuadro, que era como un consuelo para las penas de la triste realidad presente y la esperanza de una humanidad mejor para lo porvenir.

UNA EXCURSIÓN ESCOLAR AL PAÍS DE LA INDUSTRÍA

¡Qué grande, qué hermoso, qué útil es el trabajo!

Tales exclamaciones brotaban espontáneas de labios de niñas y niños, alumnos de la Escuela Moderna, en la alegre campiña de Sabadell, el día 30 de julio próximo pasado, después de haber visitado varias fábricas, donde se relacionaron afectuosísimamente con obreras y obreros, que acogieron a los infantiles visitantes con amor y respeto, y por último, cuando después de campestre y fraternal banquete, reunidos todos en torno del encargado del resumen de la excursión instructiva, pudieron admirar las consideraciones a que la misma se prestaba.

El hombre primitivo, formado tras larguísima y progresiva evolución, se encontraba en los albores de la humanidad, inexperto, sin recursos y con necesidades apremiantes. En medio de una naturaleza abundante y fecunda, aunque poco dispuesta a conceder gratuitamente sus tesoros, vegetaba más bien que vivía en las costas, en los bosques, en las montañas, refugiado en las cavernas donde procuraba liberarse de las inclemencias atmosféricas y de la voracidad de las fieras.

Cuando, relacionando ideas que insensiblemente se clasificaban en su memoria, pudo formar el primer pensamiento, promovido por la necesidad, principal si no única impulsora de la actividad intelectual, le ofreció a la naturaleza, que se mostró satisfecha y dispuesta a otorgarle sus dones, y a cambio de un pensamiento que produjo la celada o el arma arrojadiza le dió, la caza, y por otro adecuado al objeto, le dió la pesca, y por haber discurrido enterrar la semilla, le dió el fruto. Con esto, no sólo no se moriría ya de hambre, sino que aprendía a rechazar la agresión de animales feroces, y aún concebía los primeros esbozos de la sociabilidad.

Necesitaba vestirse, y tal vez la utilización de las fibras de las plantas textiles, después de haber utilizado las pieles de los animales devorados, sucias, informes, y pronto inútiles, faltas del conveniente curtido, le inspiró el pensamiento de utilizar las fibras de la lana, tejerlas en aquel telar embrionario, donde los hilos se tendían tirantes entre dos palos, y la trama se entretejía a mano, por no conocerse aún los lizos, que abren la cala, ni la lanzadera, que deposita el hilo que forma la trabazón del tejido.

Surgió la hilandera, que supone un inmenso adelanto social; porque con ella tenemos convertida en sedentaria la tribu nómada que salía de un territorio agotado en busca de otro virgen y abundante, no encontrándolo siempre, antes bien sufría enormes penalidades en el camino, o lo encontraba ocupado por otra tribu, a la que tenía que despojar en guerra cruel o perecer en la demanda.

La hilandera, pues, supone la familia, el hogar, el campo cultivado, el rebaño, el vestido, el alimento regular de pan, legumbres, hortalizas, frutas, leche, queso y carne; supone además el hierro, la fragua, la herramienta, el trabajo, la moralidad y la paz.

Si a esa altura del progreso no hubieran surgido, como enfermedades capaces de viciar el organismo, el sacerdote, el mandarín y el guerrero, los progresos se hubieran ido sucediendo en escala regularmente ascendentes, y aquellos ideales que hoy vislumbramos como aspiración lejana contarían ya siglos de práctica.

Conócese el tipo de la hilandera por representación artística y aún visual, porque todavía hay hilanderas en aquellos apartados repliegues del territorio donde apenas llega el influjo civilizador: sentada, enhiesta la rueca que contiene el vellón lavado y cardado, toma el hilo que retuerce y consolida por medio del huso, que se desliza rápido y suave entre sus dedos, siendo unas veces anciana decrépita, hermosa matrona o tímida doncella.

Con tal representación en la mente comparaban y apreciaban los niños las maravillas mecánicas que se ofrecían a su ingenua admiración, y en la dificultad de apreciar las explicaciones y detalles técnicos que con claridad y amabilidad exponían el cicerone de la expedición y los obreros de las diferentes secciones, parecíales obra de hadas bienhechoras aquella transformación de la lana burda, sucia, recién esquilada, en finísimos tejidos de elegantes muestras y ricos colores que vieron en breve espacio de tiempo, pasando por los diversos artefactos, sin dejar apenas idea de la dificultad de las operaciones ni de las penalidades del trabajo.

Preciso fué traerles a la realidad y fijar su atención en el mecanismo que toma la lana en bruto, la lava pasándola mecánicamente por una serie de pilas, en cada una de las cuales progresa la limpieza hasta alcanzar nívea blancura; viene luego la carda, donde la simple vedija que todos conocemos se disuelve en las infinitas unidades sueltas y perfectamente individualizadas de las tenues fibrillas; sigue el hilado con sus carros que van y vienen llenos de husos, haciendo en un minuto una cantidad de trabajo que costaría meses a la hilandera tradicional; a continuación el torcido, que da al hilo solidez e igualdad; luego el urdido, preparación para el telar; después éste, coronado por el ingenioso mecanismo de Jacquard, que, cual si fuera un cerebro impulsor de una voluntad, como un artista que manejase pinceles y colores, mueve agujas y cartones y con ellos produce los coloridos dibujos que embellecen las telas que usamos como vestidos y ornamentos de varias clases.

Completaba aquel laborioso cuadro el aprovechamiento de desechos, desperdicios y retales que, sometidos a las operaciones primitivas, renovaban en cierto modo la fibra usada, para dedicarla a telas baratas, para los pobres, es decir, como recompensa para los productores.

Un himno al progreso, a la civilización, al trabajo, se formulaba espontáneo en las exaltadas imaginaciones de los excursionistas escolares, manifestándose en las exclamaciones de admiración en que prorrumpían a cada paso, con notas argentinas moduladas por sus frescas e infantiles gargantas.

Necesario fué retenerlas en la realidad una segunda vez. Un incidente dió la ocasión: varios niños y niñas, molestados por el calor y el olor desagradable de materiales e ingredientes, no quisieron entrar en el último departamento visitado, y esto dió ocasión a una consideración final.

Las obreras y obreros que trabajan en esas fábricas han empezado su aprendizaje siendo niños, muchos antes de haber consolidado y fortalecido su organismo y antes de haber completado su educación e instrucción; también les molestaría el calor y el hedor de los materiales; pero sobre la molestia se imponía la necesidad, y ahí han de estar hasta que mueran, triste final que ocurre siempre antes de la época generalmente fijada por las condiciones esenciales del organismo humano.

Cierto es y admirable que la ciencia y la industria unidas, han realizado maravillas como las que se efectúan por medio de esas máquinas; mas desgraciadamente ha de oponérseles un pero terrible: sus beneficios no se distribuyen equitativamente; a la vista está: esos obreros que han de soportar continuamente esas condiciones para algunos niños insoportables, que pasan muchas penalidades y que acaban por lo general de muerte prematura, disfrutan de un esquilmado jornal; en tanto que los dueños legales de las máquinas, de los productos y de las utilidades, cuando el negocio no fracasa, se enriquecen y gozan ellos y los suyos de las ventajas consiguientes, lo que indica que para que la justicia social se eleve siquiera a la altura del adelanto científico industrial, hemos de trabajar cuantos tengamos empeño en elevar la especie humana a la altura de la dignidad y de la positiva felicidad.

Tales fueron las consideraciones sumariamente expuestas, que impresionaron a nuestros alumnos en esta agradable excursión, que constituyó uno de los varios complementos instructivos usados en esta escuela.

XIV. En legítima defensa

He aquí el programa del tercer año escolar 1903 a 1904:

Fomentar la evolución progresiva de la infancia evitando los atavismos regresivos, que son como rémoras que opone el pasado a los avances francos y decididos hacia el porvenir, es en síntesis, el propósito culminante de la Escuela Moderna.
Ni dogmas ni sistemas, moldes que reducen la vitalidad a la estrechez de las exigencias de una sociedad transitoria que aspira a definitiva; soluciones comprobadas por los hechos, teorías aceptadas por la razón, verdades confirmadas por la evidencia, eso es lo que constituye nuestra enseñanza, encaminada a que cada cerebro sea el motor de una voluntad, y a que las verdades brillen por sí en abstracto, arraiguen en todo entendimiento y, aplicadas a la práctica, beneficien a la humanidad sin exclusiones indignas ni exclusivismos repugnantes.
Dos años de éxito nos sirven de garantizador testimonio, descollando en primer término la bondad de la enseñanza mixta, brillante resultado, triunfo pudié-

ramos decir, alcanzado por el más elemental sentido común sobre la preocupación y la rutina.

Considerando conveniente, sobre todo, que el alumno se forme concepto cabal de cuanto le rodea, la difusión de los conocimientos de las Ciencias Físicas y Naturales y de Higiene, la Escuela Moderna cuenta, como en cursos anteriores, con el concurso de los doctores Sr. de Buen, catedrático de Ciencias Naturales, y el Sr. Martínez Vargas, catedrático de la Facultad de Medicina de esta Universidad, quienes darán alternativamente, acerca de sus respectivas materias científicas, conferencias dominicales de once a doce en el local de la Escuela, que servirá de ampliación y complemento a las lecciones que sobre dichas Ciencias recibirán los alumnos durante el curso.

Réstanos manifestar que, celosos siempre del buen éxito de nuestra obra de regeneración intelectual y volitiva, hemos enriquecido nuestro material de enseñanza con la adquisición de nuevas colecciones que, a la vez que faciliten la comprensión, hagan agradables los conocimientos científicos, y que, resultando insuficiente el local por el número creciente de alumnos, hemos tomado nuevas habitaciones para ensanchar las salas de clase y acoger favorablemente las demandas de inscripción recibidas.

La publicación de este programa, como queda indicado, fijó la atención de la prensa reaccionaria y fué contestado por la liberal. Mas para dar patente muestra de la fortaleza racional de la Escuela Moderna, inserté en el *Boletín* el siguiente artículo:

ANTAGONISMO PEDAGÓGICO

La moderna pedagogía, despojada de tradiciones y convencionalismos, ha de ponerse a la altura del concepto racional del hombre, de los actuales conocimientos científicos y del consiguiente ideal humano.

Si por cualquier género de influencia se diera otro sentido a la enseñanza y a la educación, y el maestro no cumpliera su deber, sería preciso denunciarle como embaucador, y declarar que la pedagogía no pasa de artificio para domar hombres a beneficio de sus dominadores.

Por desgracia, esto último es lo que principalmente ocurre: la sociedad está organizada y se sostiene, más que como dirigida hacia la satisfacción de una necesidad general y al cumplimiento de un ideal, como entidad que tiene especial empeño en conservar sus formas primitivas, defendiéndose tenazmente contra toda reforma, por racional y apremiante que sea.

Ese afán de inmovilidad da a los antiguos errores el carácter de creencias sagradas, los rodea del mayor prestigio, les da autoridad dogmática, y sucede que después de crear perturbaciones y conflictos, las verdades científicas quedan sin explicación o la tienen escasa y en vez de extenderse iluminando todas las inteligencias y traduciéndose en instituciones y costumbres de utilidad común, se estancan abusivamente en la ésfera del privilegio; de modo que en nuestros días, como en los tiempos de la teocracia egipcia, hay una doctrina esotérica para los superiores y otra exotérica para las clases bajas, las destinadas al trabajo, a la defensa y a la más degradante miseria.

Por eso tenemos la doctrina mística y mítica, cuya dominación y extensión es únicamente comprensible y explicable en los primeros tiempos de la humanidad, gozando aún de todos los respetos, al paso que la doctrina científica, a pesar de su evidencia, queda reducida a la limitada esfera en que viven los intelectuales, y a lo sumo es reconocida en secreto por ciertos hipócritas que, por no sufrir perjuicio en su posición, han de hacer pública ostentación de la contraria.

Para patentizar ese antagonismo absurdo, nada más a propósito que el siguiente parangón, en que la ampulosidad imaginativa del crédulo ignorante contrasta con la sencillez racional del sabio:

La Biblia
En la Biblia están escritos los anales del cielo, de la tierra y del género humano; en ella, como en la divinidad misma, se contiene lo que fué, lo que es y lo que será: en su primera página se encuentra el principio de los tiempos y de las cosas, y en su última página el fin de las cosas y el de los tiempos. Comienza con el Génesis, que es un idilio, y acaba con el Apocalipsis de San Juan, que es un himno fúnebre. El Génesis es bello como la primera brisa que refrescó los mundos; como la primera aurora que se levantó en el cielo; como la primera flor que brotó en los campos; como la primera palabra amorosa que pronunciaron los hombres; como el primer sol que apareció en el Oriente. El Apocalipsis de San Juan es triste como la última palpitación de la Naturaleza; como el último rayo de luz; como la última mirada de un moribundo. Y entre este himno fúnebre y aquel idilio vense pasar unas en pos de otras a la vista de Dios todas las generaciones y unos en pos de otros todos los pueblos. Las tribus van con sus patriarcas; las repúblicas con sus magistrados; las monarquías con sus reyes y los imperios con sus emperadores, Babilonia pasa con su

abominación, Nínive con su pompa, Menfis con su sacerdocio, Jerusalén con sus profetas y sus templos, Atenas con sus artes y con sus héroes, Roma con su diadema y con los despojos del mundo. Nada está firme sino Dios; todo lo demás pasa y muere, como pasa y muere la espuma que va deshaciendo la ola.

Libro prodigioso aquel en que el género humano comenzó a leer treinta y tres siglos ha, y con leer en él todos los días, todas las horas, aún no ha acabado su lectura. Libro prodigioso aquel en que se calcula todo antes de haberse inventado la ciencia de los cálculos; en que sin estudios lingüísticos se da noticia del origen de las lenguas; en que sin estudios astronómicos se computan las revoluciones de los astros; en que sin documentos históricos se cuenta la historia; en que sin estudios físicos se revelan las leyes del mundo. Libro prodigioso aquel que lo ve todo y lo sabe todo; que sabe los pensamientos que se levantan en el corazón del hombre y los que están presentes en la mente de Dios; que ve lo que pasa en los abismos del mar y lo que sucede en los abismos de la tierra; que cuenta o predice todas las catástrofes de las gentes, y en donde se encierran y atesoran todos los tesoros de la misericordia, todos los tesoros de la justicia y todos los tesoros de la venganza. Libro, en fin, que cuando los cielos se replieguen sobre sí mismos como un abanico gigantesco, y cuando la tierra padezca desmayos y el sol recoja su luz y se apaguen las estrellas, permanecerá él solo con Dios, porque es su eterna palabra, resonando eternamente en las alturas.

Donoso Cortés. (Discurso de recepción académica, incluído en un volumen titulado La Elocuencia, recopilación de escritos notables destinada a la lectura escolar).

El antropismo

La atrasada filosofía de los dogmas tradicionales extrae su fuerza principal del antropismo o antropomorfismo. Por esta palabra entiendo *El poderoso y grande conjunto de nociones erróneas que tienden a poner el organismo humano, considerado como de esencia divina, en oposición con todo el resto de la naturaleza, haciendo de él el fin previamente asignado a la creación orgánica, de la cual es radicalmente diferente.*

Una crítica profunda de este conjunto de nociones demuestra que éstas se fundan sobre tres dogmas que denomino *antropocéntrico, antropormórfico y antropolátrico* (1).

1º El *dogma antropocéntrico* afirma que el hombre es el centro, el objeto previamente asignado a toda vida terrestre, y, ensanchando esta concepción, a todo el Universo. Como este error satisface el egoísmo humano, y como está íntimamente ligado a los mitos de las tres grandes religiones mediterráneas, mosaica, cristiana y mahometana, domina aún la mayor parte del mundo civilizado.

2.º El *dogma antropomórfico* compara la creación del Universo y el gobierno del mundo por Dios a la creación artística de un técnico hábil o de un ingeniero mecánico y a la administración de un prudente jefe de Estado, Dios, el Señor, creador, conservador y administrador del Universo, está concebido en absoluta conformidad en su modo de pensar y de obrar, sobre el modelo humano. De donde resulta recíprocamente que el hombre es semejante a Dios, y por eso afirma el dogma: *Dios creó el hombre a su imagen.* La cándida mitología primitiva es un puro *homoteísmo* y confiere a sus dioses la forma humana y les da carne y sangre. La reciente teosofía mística adora al dios personal como *invisible* -en realidad en forma gaseosa- y al mismo tiempo le hace pensar, hablar y obrar a la manera humana, yendo a parar al absurdo del *vertebrado gaseoso*.

3º El *dogma antropolátrico* resulta naturalmente de la comparación de las actividades humanas y divina, terminando en el culto religioso del organismo humano, en el delirio antropista de las grandezas, del cual resulta la creencia en la inmortalidad personal del alma, lo mismo que el dogma dualista de la doble naturaleza del hombre, cuya alma inmortal sólo temporalmente reside en nuestros cuerpos.

Estos tres dogmas antropistas, desarrollados de diferente modo y adaptados, según circunstancias de tiempo y lugar, a las formas variables de las diferentes religiones, han tomado en el curso de los años extraordinaria importancia y han sido y son manantial de los más peligrosos errores.

Ernesto Haeckel. (De Los Enigmas del Universo, de donde se ha tomado el extracto insertado al final de la *Cartilla*, primer libro de lectura de la Escuela Moderna).

(1) *Antropos* (hombre) palabra radical combinada con las terminaciones *centro, morfo* (forma) y *latria* (adoración).

Ante ese antagonismo sostenido tanto por ignorancia como por interés, la pedagogía positiva, la que se propone enseñar verdades para que resulte justicia práctica, debe metodizar y sistematizar los conocimientos positivos de la naturaleza, inculcados en la infancia y preparar así elementos para la sociedad equitativa, para aquella que, como expresión exacta de la sociología, ha de funcionar en beneficio individual y recíproco de todos los asociados.

Necesario es que Moisés o quien fuese autor del Génesis y con él todos los dogmatizantes, con sus días de la creación sacada de la nada por la potencia de un creador que pasó antes eternidades en inacción absoluta, ceda el puesto a Copérnico, que demostró el doble movimiento de los planetas sobre sí mismos y alrededor del sol; a Galileo, que proclamó que el sol y no la tierra es el centro del mundo planetario; a Colón y con él a cuantos partiendo de la esferidad de la tierra se lanzaron a recorrerla en todos sentidos para formar su inventario y dar fundamento práctico a la fraternidad humana; a Cuvier y a Linneo, fundadores de la historia natural; a Laplace, inventor del no desmentido y subsistente sistema cosmogónico; a Darwin, autor de la doctrina transformista que explica la formación de las especies por selección natural, y a todos los que por la observación y el estudio desmienten la supuesta revelación y exponen con verdad demostrable lo que son el universo, los mundos, la tierra y la vida.

Contra los males producidos por las generaciones sumergidas en el error y la superstición, de los cuales si muchos individuos se libran es para caer en antisocial escepticismo, es eficacísimo remedio sin desechar otros no menos eficaces, educar e instruir la generación naciente en los principios puramente humanistas y en el conocimiento positivo y racional de esta naturaleza de que forma parte.

Mujeres así educadas serán madres en el verdadero sentido natural y social, no transmisoras de supersticiones tradicionales, y enseñarán a sus hijos la integridad de la vida, la dignidad de la libertad, la solidaridad social, no el acatamiento a doctrinas aniquiladas y esterilizadas por agotamiento y la sumisión a jerarquías absolutamente ilegítimas.

Los hombres emancipados del misterio, del milagro, de la desconfianza de sí mismos y la de sus semejantes y en perfecta posesión del concepto, de que han nacido, no para morir, según la nefasta síntesis del misticismo, sino para vivir, llegarán a facilitar las condiciones sociales para dar a la vida toda su amplísima extensión.

La Escuela Moderna

De este modo, conservando el recuerdo de otras generaciones y otros estados intelectuales como enseñanza y aun como escarmiento, cerraremos de una vez y para siempre el período religioso para entrar de modo definitivo en el puramente natural y racional.

A pesar de todas las dificultades, en el Boletín de 30 de junio de 1904 publiqué la siguiente declaración:

> EL TERCER AÑO
>
> Tres años de práctica floreciente y progresiva, con tendencia a ver espontáneamente generalizado nuestro método, dan a la Escuela Moderna de Barcelona, no sólo el carácter de institución perfectamente consolidada, sino el de suscitadora de energías poderosas y de iniciativas salvadoras, capaces de transformar la nueva generación, despojándola de atavismos, y disponiéndola para que, al llegar a la plenitud de la vida, se sobreponga a los errores dominantes y abra vía a la ciencia, a la razón, a la justicia, y obtenga como recompensa la paz y la felicidad.
>
> Terminado este tercer año de nuestra existencia, y al entrar en el período anual de descanso, el *Boletín de la Escuela Moderna* consigna con satisfacción tan brillante resultado, manifiesta su gratitud a cuantos a él han cooperado y repite su propósito de perseverar hasta el fin en el cumplimiento de la obra emprendida.
>
> La Redacción.

En el mismo número presenté el siguiente resumen:

CLASIFICACIÓN POR SEXO Y NÚMERO DE ALUMNOS PRESENTES EN LA ESCUELA MODERNA DURANTE LOS TRES PRIMEROS AÑOS ESCOLARES

Meses	Niñas en 1901-2	Niñas en 1902-3	Niñas en 1903-4	Niños en 1901-2	Niños en 1902-3	Niños en 1903-4	Totales 1ª año	Totales 2ª año	Totales 3ª año
Día de apertura	12	-	-	18	-	-	30	-	-
Septiembre	16	23	24	23	40	40	39	63	64
Octubre	18	28	43	25	59	43	68	102	
Noviembre	21	31	44	29	40	59	50	71	103
Diciembre	22	31	45	30	40	59	52	71	104
Enero	22	31	47	32	44	60	54	75	107
Febrero	23	31	47	32	48	61	55	79	108
Marzo	25	33	49	34	47	61	59	80	110
Abril	26	32	50	37	48	61	63	80	111
Mayo	30	33	51	38	48	62	68	81	113
Junio	32	34	51	38	48	63	70	82	114

POBLACIONES Y NÚMERO DE ESCUELAS QUE TIENEN COMO TEXTO LIBROS DE LA ESCUELA MODERNA

Villanueva y Geltrú
    Sociedad Cooperativa.
    1 escuela
Tarragona
    Escuela Laica La Educación
    1 escuela
Sevilla
    Escuela laica
    1 escuela
Sestao
    Escuela laica
    1 escuela

La Escuela Moderna

Reus
    Centro Instructivo Obrero
    1 escuela
Portbou
    Escuela laica Progreso
    1 escuela
Palamós
    Escuela laica
    1 escuela
Mongat
    Escuela libre
    1 escuela
Mazarrón
    Escuela laica. Sociedad de Oficios Varios
    2 escuelas
Mataró
    Ateneo Obrero
    1 escuela
Málaga
    Escuela laica de Julián Vargas
    1 escuela
Mahón
    Federación Obrera
    1 escuela
La Unión
    Sociedades Obreras
    1 escuela
Gaucín
    S. de Obreros La Verdad
    1 escuela
Granollers
    Escuela laica
    1 escuela
Granada
    Asociación Obrera La Obra
    1 escuela
Esplugas
    Academia libre La Nueva Humanidad
    1 escuela

Córdoba
  Sociedades Obreras
  1 escuela
Casares
  Centro Instructivo Obrero
  1 escuela
Cartagena
  Federación Obrera. Escuela laica del Llano del Real
  2 escuelas
  Escuela libre de Hostafranchs
  Colegio Germinal
  Sociedad de Albañiles
  Sociedad de Albañiles de Gracia
Barcelona
  Enseñanza Mutua
  Escuela libre de Poblet
  Fraternidad Republicana Sansense
  Escuela colectiva de San Martín
  Ateneo Republicano del Fuerte Pío.
  9 escuelas
Aznalcóllar
  Centro Instructivo Obrero
  1 escuela

Total: 32 escuelas

XV. Ingenuidad infantil

En el *Boletín* de 30 de setiembre de 1903 se insertaron los trabajos de los alumnos de las diferentes secciones de la Escuela Moderna, leídos en la sesión de clausura del segundo curso escolar.

Ha de tenerse en cuenta que en estos escritos, en que sus infantiles autores se veían obligados a buscar un asunto al que aplicar su naciente criterio, el esfuerzo intelectual se imponía predominando el razonamiento inexperto, ingenuo e inspirado en el sentimiento de lo justo, sobre la aplicación de las reglas de forma; resultando que si los juicios no alcanzan el perfeccionamiento racional se debe únicamente a falta de datos, a carencia de conocimientos indispensables para formar un razonamiento perfecto; lo contrario de lo que sucede en las opiniones dominantes, que no tienen otra base que la preocupación fundada en tradiciones, intereses y dogmas.

Así, un niño de 12 años establece un criterio para juzgar las naciones, en las siguientes palabras:

> Una Nación o Estado, para ser civilizado, es preciso que carezca de lo siguiente...

Suspendemos aquí el enunciado para observar que a la palabra civilizado da el autor la significación de justo, y sobre todo que, despojado de preocupaciones, ve males evitables, que señala, considerando su desaparición como condición esencial para que resulte la justicia, las cuales son:

1º La coexistencia de pobres y ricos, y como consecuencia la explotación.
2º El militarismo, medio de destrucción empleado por unas naciones contra otras, debido a la mala organización de la sociedad.
3º La desigualdad, que permite a unos gobernar y mandar y obliga a otros a humillarse y obedecer.
4º El dinero, que hace unos ricos y les somete a los pobres.

Claro que este criterio es primordial y sencillo, como corresponde a una inteligencia escasamente documentada, y no puede resolver un problema complejo de sociología; pero tiene la ventaja de que deja libre acceso a cuantas observaciones racionales se presenten: es como si se le preguntase: ¿Qué necesita un enfermo para recobrar la salud?, y respondiese: «Que desaparezca el dolor.» Cándida y natural respuesta que no daría seguramente un niño influido por la metafísica espiritualista, que necesita ante todo contar con la voluntad arbitraria de supuestos seres extranaturales.

Claro es que tan sencilla manera de plantear el problema de la vida social no excluye en definitiva una solución razonable, antes bien lo uno reclama lógicamente lo otro, como lo demuestra el mismo escrito que comentamos con esta conclusión:

No se entienda que porque no haya ricos, ni militares, ni dinero, las gentes hayan de pelearse y abusar de la libertad y del bienestar, sino que disfrutando todos de un alto grado de civilización, reinaría la cordialidad, todos serían amigos, y seguramente la ciencia adelantaría muchísimo más, por no haber guerras ni entorpecimientos políticos.

Una niña de 9 años presenta esta sensata observación, que entresacamos de la explicable incorrección de su lenguaje:

> Al criminal se le condena a muerte: si el homicidio merece esa pena, el que condena y el que mata al criminal igualmente son homicidas; lógicamente deberían morir también, y así se acabaría la humanidad.
>
> Mejor sería que en vez de castigar al criminal cometiendo otro crimen, se le diesen buenos consejos para que no lo hiciese más. Sin contar que si todos fuéramos iguales no habría ladrones, ni asesinos, ni ricos, ni pobres, sino todos iguales, amantes del trabajo y de la libertad.

La sencillez, claridad y trascendencia de este pensamiento no permiten comentarlo; así se explica la admiración que causó oirlo de labios de una tierna y bellísima niña, más que realidad viviente, semejaba simbólica representación de la verdad y de la justicia.

Un niño de 12 años trata de la sinceridad y dice:

> El que no es sincero, no vive tranquilo: siempre teme ser descubierto; al paso que si es sincero, aunque haya hecho algo malo, su declaración sincera descarga su conciencia.
>
> Si se empieza a mentir desde la infancia, se llegará a grande diciendo grandes mentiras que pueden causar males enormes.
>
> Hay casos en que no se debe ser sincero. Por ejemplo: un hombre llega a nuestra casa huyendo de la policía. Si

después se nos pregunta si hemos visto a aquel hombre, debemos negarlo: lo contrario sería una traición y una cobardía.

Triste es que para una inteligencia naciente, que considera la verdad como un bien inapreciable sin el cual no se puede vivir, la gravedad de los abusos autoritarios le hayan inducido a considerar en ciertos casos la mentira como una virtud.

Una niña de 13 años trata del fanatismo, y después de considerarlo como mal característico de un país atrasado, busca y halla su causa, diciendo:

> El fanatismo es producido por el estado de ignorancia y atraso en que se halla la mujer; por eso los católicos no quieren que la mujer se instruya, ya que la mujer es su principal sostén.

Observación profunda ésta que busca la causa del fanatismo, y halla la causa de la causa, considerando que si la ignorancia produce el fanatismo, la ignorancia de la mujer perpetúa la ignorancia general.

Contra tan grave daño, señala un remedio eficaz otra niña de 13 años con este pensamiento que insertamos íntegro:

> La escuela mixta
> La escuela mixta o de ambos sexos es sumamente necesaria. El niño que se educa, trabaja y juega en compañía de la niña, aprende insensiblemente a respetarla y a ayudarla, y recíprocamente la niña; mientras que educados separadamente, indicándole al niño que es mala la compañía de la niña y a ésta que es peor la de aquél, sucederá que el niño, hombre ya, no respetará a la mujer y la considerará como un juguete o como una esclava,

a lo que se ve reducida la mujer en la actualidad. Así, pues, contribuyamos todos a la fundación de escuelas mixtas en todas partes en que sea posible, y donde no, allanemos las dificultades que a ello se opongan.

A pensamiento tan bien razonado y condensado con tal sobriedad, nada podemos añadir sino que juzgamos debe ser atendida la excitación con que termina su escrito esta pensadora de 13 años.

Un niño de 12 años considera la escuela como digna de todo respeto, porque en ella se aprende a leer, escribir y pensar y sirve de base a la moralidad y a la ciencia y añade:

> Si no fuera por la escuela, viviríamos en el bosque, andaríamos desnudos, comeríamos hierbas y carne cruda, y nos refugiaríamos en cuevas y en árboles; es decir, llevaríamos una vida brutal.
>
> Con el tiempo y como consecuencia de la escuela, todo el mundo será más inteligente, y no habrá guerras, ni poblaciones incendiadas, y la gente recordará con horror al guerrero considerando que es el obrero de la muerte y de la destrucción.
>
> Es una desgracia que debiera evitarse que haya niños que jueguen por la calle sin ir a la escuela, y cuando llegan a hombres son muy desgraciados.
>
> Así, pues, agradezcamos a nuestros profesores la paciencia que emplean en enseñarnos y míremos con respeto la escuela.

Razonamiento justo y sentimiento bien aplicado, que indican un estado psíquico en equilibrio. Si este niño conserva y desarrolla las facultades que descubre, armonizará debidamente el egoísmo y el altruismo en bien propio y en el de la sociedad.

Una niña de 11 años lamenta que las naciones se destruyan mutuamente por las guerras; lamenta igualmente que haya diferencia de clases sociales y que los ricos sometan al trabajo y a la privación a los pobres, y termina:

> ¿Por qué los hombres en lugar de matarse en las guerras y de odiarse por la diferencia de clases, no se dedican con alegría al trabajo y a descubrir cosas para bien de la humanidad? Los hombres deben unirse y amarse para vivir fraternalmente.

He ahí un reproche infantil que debiera avergonzar a cuantos persisten en el sostenimiento de las causas del daño que tan dolorosamente afecta el tierno corazón de esa niña.

Un niño de 10 años, en un escrito casi correcto que podríamos insertar íntegro, y que no lo hacemos por no dar excesivas dimensiones a este trabajo y porque coincide con pensamientos de condiscípulos ya expuestos, habla de la escuela y del alumno, diciendo:

> Reunidos bajo un mismo techo, deseosos de aprender lo que ignoramos, sin distinción de clases, somos hermanos guiados por un mismo fin... El ignorante es una nulidad; poco o nada puede esperarse de él. Sírvanos esto de estímulo, y no perdamos el tiempo; por el contrario, aprovechémosle, y en su día nos proporcionará la merecida recompensa... No olvidemos jamás los frutos de una buena escuela, y honrando a nuestros maestros, a la familia y a la sociedad viviremos satisfechos.

Hermosa sensatez, que a los 10 años se armoniza con la alegría infantil.

La Escuela Moderna

Una niña de 10 años filosofa sobre las faltas del género humano evitables, a su juicio, con la instrucción y la voluntad, y dice:

> Entre las faltas del género humano se encuentran la mentira, la hipocresía y el egoísmo. Si los hombres estuvieran más instruidos y principalmente las mujeres, enteramente iguales al hombre, esas faltas desaparecerían. Los padres no enseñarían sus hijos en escuelas religiosas, que inculcan ideas falsas, sino que los llevarían a las escuelas racionales donde no se enseña lo sobrenatural, lo que no existe; ni tampoco a guerrear, sino a solidarizarse todos y a practicar el trabajo en común.

Sobre un principio de crítica de la sociedad se vislumbra en ese pensamiento el ideal que guía al género humano.

Terminamos esta recopilación con el siguiente escrito de una señorita de 16 años, que por su corrección y por su fondo puede insertarse sin mutilación alguna:

> LA SOCIEDAD PRESENTE
>
> ¡Qué desigualdad hay en esta sociedad! Unos trabajando desde la mañana hasta la noche, sin más descanso que el preciso para comer sus deficientes alimentos; otros recibiendo el producto de los trabajadores para recrearse con lo superfluo.
>
> ¿Y por qué ha de ser esto así? ¿No somos todos iguales? Indudablemente que lo somos, aunque la sociedad no lo reconozca, ya que unos parecen destinados al trabajo y al sufrimiento, y otros a la ociosidad y al goce. Si algún trabajador se rebela al ver la explotación a que vive sujeto, es despreciado y castigado cruelmente mientras otros sufren con resignación la desigualdad.

El obrero necesita instruirse, y para lograrlo es necesario fundar escuelas gratuitas, sostenidas por ese dinero que desperdician los ricos.

De ese modo se conseguiría que el obrero adelantase cada vez más hasta lograr verse considerado como merece, porque en resumen él es quien desempeña la misión más útil en la sociedad.

Cualquiera que sea el valor racional de estos pensamientos, resulta patente de esta colección lo que la Escuela Moderna se proponía con objeto predominante, a saber: que la inteligencia del alumno, influída por lo que ve y documentada por los conocimientos positivos que vaya adquiriendo, discurra libremente, sin prejuicios ni sujección sectaria de ningún género, con autonomía perfecta y sin más traba que la razón, igual para todos, sancionada en último término, cuando alcanza la verdad, por el brillo hermoso de la evidencia, ante el cual desaparecen las negruras del sofisma y de la imposición dogmática.

El Congreso obrero ferroviario, celebrado en Barcelona en diciembre de 1903, anunció que formaba parte de su programa una visita a la Escuela Moderna.

La idea fué acogida con júbilo por todos los alumnos, y para sacar de ella una utilidad, se les invitó a que formularan, cuantos se sintieran inspirados un pensamiento adecuado a la circunstancia, los cuales serían leídos por sus autores en el acto de la visita.

Por causas imprevistas no se realizó la visita anunciada, mas habiendo recogido un hermoso ramillete de pensamientos infantiles que exhala el delicado perfume de la sinceridad del juicio despreocupado, matizado además por la gracia de la ingenuidad intuitiva se publicó en el Boletín.

Hay que observar que se partía del tema obligado del saludo a obreros congresistas reunidos para tratar de mejorar sus condiciones de trabajo y de existencia y resultó que los alumnos a pesar de no existir indicio siquiera de sugestión y sin previa consulta mutua, como si se inspirasen en un criterio único, manifestaron una gran conformidad en sus afirmaciones diferenciándose algo no mucho en la argumentación por lo que se extractaron sus escritos, haciendo las supresiones necesarias para evitar la repetición aunque dejando subsistentes la ingenuidad y casi siempre la incorrección original.

Una niña de 9 años escribió:

> Os saludo, queridos obreros, por el trabajo que hacéis en bien de la sociedad.
>
> A vosotros y a todos los obreros hay que agradecer el trabajo con que se hace todo lo necesario para la vida y no a los ricos que os pagan un jornal mísero, y no os lo pagan para que viváis, sino porque si vosotros no trabajárais tendrían que trabajar ellos.

Un niño de 9 años después de cariñoso saludo, dice:

> La tierra debe pertenecer a los obreros lo mismo que a los demás. La naturaleza no ha creado hombres para que se queden con todo. La tierra debería cultivarse sin que el que trabaja fuera explotado y otro se comiera sus frutos. El obrero habita en casa pequeña y obscura, come poco y mal y no va en coche como el burgués. Si el obrero quisiera todo sería suyo; si no que se cuenten los obreros y los burgueses, ¿de cuáles hay más? Pues como los obreros son más, pronto o mejor dicho, en seguida, obtendrían su deseo.

Estos niños de 9 años en su cándida explosión del juicio, demuestran que pudieran ser maestros de muchos caducos economistas que inspiran su entendimiento en el respeto de lo existente sólo por serlo, sin considerar si en razón y en justicia tiene derecho a ser. Niña de 11 años:

> Llegará el día en que sea más repartido el trabajo, domine la razón, prevalezca la ciencia y desaparezcan las clases sociales... El deber del hombre es hacer todo el bien posible, ya por medios manuales, ya intelectuales, con lo que sale beneficiado, y el que hace lo contrario es inhumano... La instrucción es la base de la humanidad y la redentora del hombre, pues ella le reintegrará en todos los derechos.

Niña de 11 años:

> ¡Salud, representantes del trabajo!... Vosotros, como obreros ferroviarios, guiáis potentes máquinas como si fueran inofensivos animalillos. Esas máquinas, como producto de la civilización humana y que a la humanidad debieran pertenecer, son propiedad de unos cuantos potentados a quienes nada ha costado su posición, que ha sido adquirida con la explotación de los trabajadores... Mientras vosotros sufrís el sol, la lluvia y la nieve cumpliendo vuestro trabajo, los satisfechos burgueses, quejándose de la poca velocidad del tren, se estiran en su coche-cama.

Niña de 11 años:

> Celebro que os dediquéis a los trabajos ferroviarios para que adelante la industria y haya trenes que transporten viajeros, productos y muchas cosas de un pueblo a otro. Los que se dedican a esos trabajos y a los descubrimientos sí que hacen bien a la humanidad, y sin

embargo, hay quien considera mejor a un general que ha ganado una batalla.

Niño de 11 años:

> El trabajador, que debiera ser la admiración del mundo, es el más despreciado por nuestra sociedad. El que nos proporciona vestido, casa y muebles; apacenta el ganado que nos suministra lana y carne; con trenes o buques nos lleva de un punto a otro, y nos presta muchos otros servicios. A él debemos la vida.

Niño de 11 años, que coincidiendo con algunos pensamientos expuestos, dice:

> Los parásitos que consumen y no producen pensando siempre en la explotación, desprecian al trabajador, que gana un jornal muy reducido trabajando muchas horas diarias casi sin poder mantener su familia. Si la sociedad estuviera organizada de otro modo, no habría quien se muriera de fastidio (modismo catalán), mientras los ricos están disfrutando.

En este grupo de intelectuales de 11 años se encuentran elementos para desarrollar un tratado de sociología. En él se halla lo más importante: exposición de hechos, crítica y censura consiguiente, terminando con hermosa y sencilla afirmación del ideal.

Niño de 12 años:

> ¿Quiénes son los que disfrutan del trabajo producido por los obreros? Los ricos. ¿Para qué sirven los ricos? Estos hombres son improductivos, por lo que se les

puede comparar con las abejas, sino que éstas tienen más conocimiento porque matan a los parásitos.

Niña de 12 años:

El trabajador es esclavo del burgués... Mientras los ricos se recrean por jardines y paseos, hay trabajadores a quien sus hijos les piden pan y no tienen para dárselo. ¿Por qué sucede esto? Porque los ricos lo acaparan todo.

Niño de 12 años:

El obrero además de trabajar ha de ir a la guerra, que es un gran mal, y mientras va a la guerra, sus padres quedan sin su ayuda; pudiendo suceder que vuelva inútil para el trabajo. El día que se modifique la sociedad de modo que cada uno, cumpliendo sus deberes sociales, tenga asegurada la satisfacción de las necesidades, no habrá pobres ni ricos y todos serán felices.

Niña de 12 años:

Obreros que con vuestro trabajo acortáis las distancias por medio de las vías férreas, y tal vez llegará el día en que podáis hacer que desaparezcan las fronteras que separan una nación de otra, bien venidos seáis, porque con los ferrocarriles puede haber mucha industria y mucho adelanto, pueden también comunicarse sus pensamientos los ausentes hasta los países más remotos.

Niño de 12 años:

La mala organización social marca entre los hombres una separación injusta, pues hay dos clases de hombres, los que trabajan y los que no trabajan... Cuando hay una huelga no se ven más que civiles a las puertas de las fábricas dispuestos a hacer uso del máuser. ¿No valdría más que en vez de emplearse en eso se dedicaran a un oficio útil?

Niña de 12 años:

Para que el obrero sea respetado como lo debe ser todo hombre y prevalezcan sus derechos sin ser insultado ni menospreciado, debe instruirse.

Niño de 12 años:

¿Los hijos de los burgueses y los de los trabajadores no son todos de carne y hueso? pues ¿por qué en la sociedad han de ser unos diferentes de otros?

Sin faltar en este grupo nada de lo expuesto en el anterior, hay cierta nota de gran energía y más intensidad, de sentimiento, sobresaliendo un pensamiento en que hay profundidad, verdad y una concisión correcta y bellísima.

Niña de 13 años:

La explotación del hombre por el hombre es despiadada, inhumana y cruel... ha de llegar el día en que los trabajadores se unan para exigir de la burguesía que cese para siempre tan inicua explotación.

Niña de 14 años:

El deber de todo hombre es buscar y descubrir cuanto pueda ser útil para sí y para sus semejantes, ayudándoles en cuanto le sea posible y consolándoles en sus afirmaciones. El que no obra así no merece el nombre de ser humano. La solidaridad, la fraternidad, y la igualdad son las máximas aspiraciones de la sociedad futura.

Niña de 17 años:

Saludo y felicito a los obreros ferroviarios como representantes del trabajo y como amantes de la igualdad, cosas que concuerdan mal con esta sociedad egoísta, hipócrita y vana. Deseo que la obra emprendida en su congreso tenga éxito cumplido y que logren disminución de horas de trabajo y aumento de jornal, de que tanto necesitan para sus necesidades y para atender a su instrucción.

En la manera como las nacientes inteligencias desarrolladas en la Escuela Moderna, respondían a la excitación que se les había dirigido para que se manifestaran libremente acerca de la representación de una de las más importantes ramas del trabajo, no debe verse más que una demostración de saber positivo, ni menos una orientación en determinado sentido de la opinión, sino la genial espontaneidad con que los alumnos exteriorizaban su manera peculiar de sentir, libres de preocupaciones y convencionalismos.

La enseñanza racionalista progresaba. He aquí una bella manifestación de su progreso, tomada del *Boletín*:

CONFRATERNIDAD ESCOLAR

Los alumnos de la Clase elemental del Ateneo Obrero de Badalona han dirigido a los de la Escuela Moderna la siguiente carta.

A los niños de la Escuela Moderna - Barcelona
Queridos compañeros:
Deseando ponernos en relación con niños de otras escuelas para trabar amistades e instruirnos mutuamente, nos dirigimos a vosotros para principiar nuestros propósitos.

Hace pocos días hemos empezado a leer *Las Aventuras de Nono*, que nos gustan muchísimo, y como nuestro profesor nos ha dicho que vosotros hace tiempo que las leéis, deseamos nos indiquéis algo de lo que habéis sacado de su lectura.

Aprovechamos esta ocasión para ofrecernos como buenos amigos vuestros, y sabed que estamos deseosos de conoceros, y que nuestro profesor nos ha prometido llevarnos a Barcelona a ver la Colección Zoológica del Parque; allí podremos vernos. Ya os lo anunciaremos.

Recibid de estos, ya vuestros amigos que esperan deseosos vuestras contestaciones, muchos abrazos para todos.

Os desean Salud y Amor, los niños de la Clase Elemental del Ateneo Obrero de Badalona.
En su nombre
Francisco Rodríguez.
Badalona, 16 de febrero de 1904.

La lectura en clase por el profesor Badalonés, causó vivísima impresión en nuestros alumnos; todos, desde los párvulos a los de la superior, sintieron intensa simpatía por aquellos niños que les ofrecían confraternidad, y quedaron deseando el momento de demostrarlo prácticamente.

Invitados por los profesores a contestar a la feliz iniciativa de los niños badaloneses, como corresponde a pensamientos y a sentimientos tan humanamente bellos, cada cuál tomó la pluma y todos hicieron su contestación.

Para dar una colectiva que forme una respuesta común con el elemento fundamental de cada individuo, como ha de suceder en todo acto humano comunista, en que, como en aritmética, toda cantidad es la reunión de las unidades íntegras que la forman, tenemos 64 cartas; 16 de niñas y 19 de niños de la clase elemental, y 10 de niñas y 19 de niños de la clase superior: la alegría con que se recibe el saludo de amor y la idea de recíproca presentación en un día de recreo es unánime; la respuesta acerca de lo que han sacado nuestros alumnos de *Las Aventuras de Nono*, quizá no es muy categórico, porque la mayor parte se contentan con decir que el libro les gusta mucho y refieren las escenas que son más de su agrado; no obstante, hay varios niñas y niños, no exclusivamente los mayores, que profundizan hasta formar juicios parciales y alguno general de la obra.

Lo notable en esta recopilación de contestaciones es que no hay nada contradictorio, cada alumno expone su impresión, y el que alcanza poco, aunque no sepa expresarlo, siente lo mismo que el que alcanza más; pudieran expresarse los pensamientos por una escala ascendente con una dirección única. Los hay que se encantan con el idilio de Autonomía, y quien se apena con la tiranía e insolidaridad de Argirocracia; uno se fija en la descripción del hogar de la familia de Nono; otro en la belleza de la práctica de la solidaridad que expresa magistralmente el gírabo con estas palabras: sin darte cuenta de ello has puesto en práctica la gran ley de la solidaridad universal que quiere que todos los seres se ayuden mutuamente. Todo está tenido en cuenta y para cada nota hay su intérprete: la libertad del trabajo, la igualdad social, el inconveniente y las consecuencias del vicio y de

La Escuela Moderna

la falta de recíproca sinceridad, la gracia consecuencia de la felicidad general y armónica, el heroísmo de los solidarios, la grata sensación de la belleza natural y de la poesía, hasta la nota cómica apuntada; no falta a quien le haya caído en gracia el golpe que dió Nono a la nariz de Monadio.

Con todos estos elementos y con frases textuales levemente corregidas de la mayor parte, y no de todos para evitar repeticiones, se compuso la siguiente carta, que si no podían firmar todos por la integridad de su forma, si podían hacerlo por su fondo de pensamiento y de sentimiento.

A los niños de la Clase Elemental del Ateneo obrero de Badalona

Queridos compañeros:

Lo mismo que vosotros deseamos ponernos en relación con niños bien educados para practicar la amistad y la solidaridad.

Aceptamos con alegría vuestra proposición y esperamos impacientes el momento de conoceros, de jugar con vosotros, de comunicarnos nuestros conocimientos y de hablar de ese hermoso libro Las Aventuras de Nono que tanto os gusta ahora que empezáis a leerlo, y que tanto amamos nosotros que ya le hemos leído.

Considerar que hemos de esforzar nuestras inteligencias para llevar esta sociedad más cerca de los propósitos que tuvieron nuestros padres y que no han podido conseguir; a eso estamos llamados.

¡Qué hermoso en el país de la Autonomía! Allí se está muy bien: se trabaja, se descansa y se juega cuando se quiere; cuando uno hace lo que desea, como debiera hacerse entre los hombres; no hay dinero, ni centinelas, ni guardas rurales, ni soldados que tengan cara de garduña o de hiena, ni ricos que vivan en palacios y se paseen en coche junto a pobres que viven en malas habitaciones y mueran de hambre después de trabajar mucho; no hay ladrones, porque todo es de todos y no se practica la explotación del hombre por el hombre. En país tan delicioso quisiéramos vivir todos. Ese país lo sueña Nono, hoy no es posible pero vendrá un día, que lo será; para que lo sea pronto debemos trabajar todos, porque Autonomía es un ejemplo de la sociedad futura. Hemos deducido que es de aquella manera como se tiene que vivir, no de la manera que vivimos actualmente, tan lejos de la verdadera y completa civilización.

Argirocracia es una repetición de lo que sucede en la sociedad actual; todos los países, unos más que otros, imitan a Argirocracia, país fatal donde existe la explotación, donde hay quien trabaja y quien se recrea, donde unos sirven a otros y se encierra en la cárcel a los que hablan de la felicidad con que se vive en Autonomía.

En resumen: *Las aventuras de Nono* es un libro instructivo que ha de leerse con mucho cuidado, y que casi todo él quiere decir que un país donde todos trabajan para uno y uno para todos, y no hay dinero, ni ladrones, ni quien imponga las leyes que les plazca, ni armas y donde se fomenta la ciencia y el arte es como habría de ser el mundo.

Esperamos el momento de conoceros, repetimos vuestra despedida:

Salud y Amor.

Alumnas y Alumnos de la Escuela Moderna Barcelona.

XVI. Boletín de la Escuela Moderna

La Escuela Moderna necesitó y tuvo su órgano en la prensa.

La prensa política o la de información, lo mismo cuando nos favorecía que cuando empezó a señalar esta institución como peligrosa, no solía mantenerse en la recta imparcialidad, llevando las alabanzas por la vía de la exageración o de la falsa interpretación, o revistiendo las censuras con los caracteres de la calumnia. Contra estos daños no había más remedio que la sinceridad y la claridad de nuestras propias manifestaciones, ya que dejarlos sin rectificación era una causa perenne de desprestigio, y el *Boletín de la Escuela Moderna* llenó cumplidamente su misión.

Por la Dirección se insertaban en él los programas de la escuela, noticias interesantes de la misma, datos estadísticos, estudios pedagógicos originales de sus profesores, noticias del progreso de la enseñanza racional en el propio país o en distintos países, traducciones de artículos notables de revistas y periódicos extranjeros concordantes con el carácter predominante de la publicación, reseñas de las conferencias dominicales y en último término los avisos de los concursos públicos para completar nuestro profesorado y los anuncios de nuestra Biblioteca.

Una de las secciones del *Boletín* que mayor éxito alcanzaron, fué la destinada a la publicación de pensamientos de los alumnos. Más que una exposición de sus adelantos, en cuyo concepto jamás se hubieran publicado, era la manifestación espontánea del sentido común. Niñas y niños, sin diferencia apreciable en concepto intelectual por causa del sexo, en el choque con la realidad de la vida que les ofrecían las explicaciones de los profesores y las lecturas, consignaban sus impresiones en sencillas notas si a veces eran juicios simplistas e incompletos, muchas más resultaban de incontrastable lógica que trataban asuntos filosóficos, políticos o sociales de importancia.

Al principio se distribuía gratuitamente a los alumnos y servía también de cambio con diversas publicaciones, empezando luego a ser solicitada su adquisición, por lo que fué necesario abrir una subscripción pública.

Llegado este caso, el *Boletín*, a la vez que órgano de la Escuela Moderna, adquirió el carácter de revista filosófica, en que perseveró con regular aceptación, hasta que llegó el momento de la persecución y cierre de la Escuela.

Como prueba de la importante misión del *Boletín*, además de su utilidad ya demostrada por los datos y artículos preinsertos, véase el que publiqué en el nº 5 del año 4º, aplicando un correctivo a ciertos profesores laicos que iniciaron inconscientemente una desviación.

El ahorro escolar
En la escuela de un Ateneo Obrero se ha introducido la novedad de la fundación de una caja de ahorro administrada por los niños.

La noticia, difundida por la prensa en tono laudatorio y como pidiendo admiración e imitación, nos induce a manifestar nuestra opinión sobre el asunto, pensando que si unos tienen derecho a hacer y a decir, el mismo derecho tenemos nosotros a juzgar, contribuyendo así a dar consistencia racional a la opinión pública.

Ante todo hemos de observar que la idea economía es muy diferente, por no decir antitética, de la idea de ahorro; y si se trata de inspirar a los niños el conocimiento y la práctica de la economía, no se conseguirá enseñándoles a ahorrar.

Economía significa uso prudente, metódico y previsor de los bienes, y ahorro es reducción y limitación del uso de esos bienes. Economizando se evita el derroche; ahorrando, el que no dispone de lo superfluo, se priva siempre de lo necesario.

¿Poseen lo superfluo esos niños a quienes se quiere enseñar la práctica del ahorro? El título de la corporación que auspicia esa escuela nos da contestación negativa. Los obreros socios de ese Ateneo que envían sus hijos a esa escuela, viven del salario, cantidad mínima que, determinada por la oferta y la demanda, pagan los capitalistas por el trabajo; y con el salario, no sólo no se llega jamás a lo superfluo, sino que hallándose monopolizada por los privilegiados de la riqueza social, distan mucho los trabajadores de alcanzar lo que necesitan para disfrutar vida regular en concordancia con los beneficios aportados a la generación presente por la civilización y el progreso.

Pues esos niños, hijos de obreros, futuros obreros, a quienes se enseña el ahorro, que es privación voluntaria con apariencia de interés, se les prepara, con esa enseñanza, a la sumisión al privilegio, y, queriendo iniciarles en el conocimiento de la economía, lo que se hace verdaderamente es convertirles en víctimas y cómplices del desbarajuste económico de la sociedad capitalista.

El niño obrero es un niño hombre, y como tal tiene derecho al desarrollo de sus aptitudes y facultades, a la satisfacción de todas sus necesidades morales y físicas, porque para eso está instituída la sociedad, la cual no ha de comprimir ni sujetar al individuo a su manera de ser, como por irracional egoísmo intentan los privilegiados, los estacionarios, los que viven gozando de lo que otros producen, sino que ha de representar el fiel de la balanza de la reciprocidad entre los derechos y los deberes de todos los asociados.

Sí; porque se pide al individuo que haga a la sociedad la ofrenda de sus derechos, de sus necesidades Y de sus placeres; porque semejante desorden se quiere que sea el orden por la paciencia, por el sufrimiento y aun por un falso raciocinio, enaltecemos la economía y censuramos el ahorro, y pensamos que no debe enseñarse a niños que han de ser trabajadores en una sociedad en donde el término medio de la mortalidad de los pobres que viven sin libertad, sin instrucción, sin alegría, tiene cifras espantosas, comparado con el de los parásitos que viven y triunfan a sus anchas.

Los que por sociolatría quieran menoscabar en lo más mínimo el derecho del hombre, lean en este enérgico y bello apóstol de Pi y Margall: ¿quién eres tú para impedir el uso de mis derechos de hombre? Sociedad pérfida y tiránica, te he creado para que los defiendas, y no para que los coartes; ve y vuelve a los abismos de tu origen, a los abismos de la nada.

Partiendo de esas consideraciones y aplicándolas a la pedagogía, juzgamos necesario que los niños comprendan que derrochar toda clase de materiales y objetos es contrario al bienestar general; que si el niño malgasta papel, pierde plumas o estropea libros, impide sacar de ellos mayor utilidad e irroga un perjuicio a sus padres o a la escuela. Todavía puede inculcárseles la previsión respecto de abstenerse de adquirir cosas baladíes, y aun haciéndoles pensar en la falta de trabajo, en la enfermedad y aun en la vejez; pero no se diga, y menos lo diga un maestro, que con el salario, que no alcanza a satisfacer las necesidades de la vida, puede asegurarse la vida; porque eso es aritmética falsa.

Los trabajadores quedan privados de la ciencia universitaria; no frecuentan el teatro ni los conciertos; ni viajan; ni se extasían ante las maravillas del arte, de la industria y de la naturaleza esparcidas por el mundo; ni saturan sus pulmones durante una temporada de oxígeno reparador; ni tienen a su alcance el libro y la revista que establezca la común elevación del entendimiento, antes al contrario sufren todo género de privaciones y hasta pueden sufrir tremenda crisis por exceso de producción, y no han de ser los maestros quienes oculten esas tristes verdades a los niños y por añadidura les enseñen que una cantidad menor puede igualar y aun superar a otra mayor.

Hoy que por el poder de la ciencia y de la industria está patente que hay de sobra para todos en el banquete de la vida, no ha de enseñarse en la escuela, para servicio del privilegio, que los pobres han de organizar servilmente el aprovechamiento de las migajas y de los desperdicios.

No prostituyamos la enseñanza.

En mi propósito de evitar desviaciones en la enseñanza popular, me creí en el deber de dirigir desde el *Boletín* la siguiente censura:

A PROPÓSITO DE SUBVENCIONES
Tristeza e indignación me causó leer la lista de subvenciones que el Ayuntamiento de Barcelona votó para ciertas sociedades populares que fomentan la enseñanza.

Vimos cantidades destinadas a Fraternidades Republicanas y otros Centros similares, y no solamente estas corporaciones no han rechazado la subvención, sino que han votado mensajes de agradecimiento al concejal del distrito o al Ayuntamiento en pleno.

Que suceda esto entre gente católica y ultra conservadora se comprende, ya que el predominio de la iglesia y de la sociedad capitalista puede sólo mantenerse gracias al sistema de caridad y protección bien entendidas con que dichas entidades saben contener al pueblo desheredado, siempre conformado y siempre confiado en la bondad de sus amos. Pero que los republicanos se transformen de revolucionarios que deben ser, en pedigüeños, cual cristianos humildísimos, eso sí que no podemos verlo sin dar la voz de alerta a los que de buena fe militan en el campo republicano.

¡Alerta! les decimos: ¡alerta! que educáis mal vuestros hijos y seguís mal camino al pretender regeneraros recibiendo limosnas. ¡Alerta! que no os emanciparéis ni emanciparéis a vuestros hijos confiando en fuerzas ajenas y en protecciones oficiales o particulares.

Pásese que por la ignorancia de la realidad de las cosas en que vegetan los católicos lo esperen todo de un dios; de un san José, o de otro mito semejante, ya que si bien no pueden asegurarse de la eficacia de sus plegarias en esta vida, se consuelan en la creencia de ser correspondidos después de muertos.

Pásese también que los jugadores a la lotería desconozcan el engaño de que son víctimas moral y materialmente de parte de los gobiernos, puesto que cobran algo de lo mucho que en conjunto pierden, y se puede dispensar a la gente ignorante o jugadora que esperen su bienestar de la suerte y no de su energía.

Pero, que tiendan de ese modo la mano pedigüeña los hombres que en son de protesta revolucionaria se unen para cambiar de régimen; que admitan y agradezcan dádivas humillantes y no sepan confiar en la energía que ha de dar la convicción de su razón y de su fuerza, lo repetimos, entristece e indigna.

¡Alerta, pues, los hombres de buena fe! con tales procedimientos no se va a la enseñanza verdadera de la infancia, sino a su domesticidad.

Tras un año de suspensión, después de la clausura de la Escuela Moderna y durante mi proceso y prisión en Madrid, reapareció el *Boletín*, insertando en el primer número de su segunda época, 1º de mayo de 1908, la siguiente declaración:

A TODOS

Decíamos ayer...

Nunca con mayor oportunidad que en la ocasión presente, al dar a luz el primer número de la segunda época de nuestro Boletín, podríamos emplear esta histórica frase: La Escuela Moderna continúa su marcha, sin rectificar procedimientos, métodos, orientaciones ni propósitos; continúa su marcha ascendente hacia el ideal, porque tiene la evidencia de que su misión es redentora y contribuye a preparar, por medio de la educación racional y científica, una humanidad más buena, más perfecta, más justa que la humanidad presente. Ésta se debate entre odios y miserias, aquélla será el resultado de la labor realizada durante siglos para la conquista de la paz universal.

No tenemos que rectificar una tilde de nuestra obra hasta el presente; es nuestra convicción íntima, cada vez más intensa, de que sin una absoluta reforma de los medios educadores no será posible orientar la humanidad hacia el porvenir. A ello vamos; por medio de escuelas, donde puedan crearse escuelas; por medio de nuestros libros, cuya Biblioteca aumenta día tras día intensificando la difusión de las verdades demostradas por la ciencia; por medio de la palabra, en conferencias que lleven a los cerebros la luz de la verdad contra los errores tradicionales; por medio de este *Boletín*, donde adquieren vida nuestras aspiraciones, para que la serenidad del estudio pueda tener su influencia por el vehículo de la palabra escrita.

Nuestros amigos, los que durante cinco años nos han acompañado en nuestra querida Escuela Moderna y se solidarizaron con los hombres progresivos del mundo entero para impedir la injusticia que la reacción pretendiera llevar a cabo en la persona de su fundador, no habrán de volver la vista atrás: al contrario, alta la frente, fija la mirada en un mañana de justicia y de amor, nos ayudarán con mayores energías a realizar esta obra de verdadera y fecunda redención.

A la prensa, la expresión de nuestra solidaridad profesional y nuestro afectuoso saludo.

A los buenos, nuestra mano les estrecha efusiva en signo de paz.

Salud.

Como muestra de la labor del *Boletín*, inserto a continuación el siguiente artículo, traducido, que une a la competencia pedagógica, la clara visión del ideal de la enseñanza.

LA EDUCACIÓN DEL PORVENIR
La idea fundamental de la reforma que introducirá el porvenir en la educación de los niños consistirá en reemplazar, en todos los modos de actividad, la imposición artificial de una disciplina de convención por la imposición natural de los hechos.

Considérese lo que se hace al presente: fuera de las necesidades del niño, se ha elaborado un programa de los conocimientos que se juzgan necesarios a su cultura, y, de grado o por fuerza, sin reparar en los medios, es preciso que los aprenda.

Pero únicamente los profesores comprenden ese programa y conocen su objeto y su alcance; no el niño. He ahí de dónde proceden todos los vicios de la educación moderna. En efecto, quitando a las voliciones y a los actos su razón natural, es decir, la imposición de la necesidad o del deseo; pretendiendo reemplazarla por una razón artificial, un deber abstracto, inexistente para quien no puede concebirlo, se ha de instituir un sistema de disciplina que ha de producir necesariamente los peores resultados: constante rebeldía del niño contra la autoridad de los maestros, distracción y pereza perpetuas, mala voluntad evidente. ¡Y a qué maniobras han de recurrir los profesores para dominar la irreductible dificultad! Por todos los medios, algunos indecorosos, procuran captar la atención del niño, su actividad y su voluntad, siendo los más ingeniosos en tales prácticas considerados como los mejores educadores.

Tiénense por dichosos cuando logran una apariencia de éxito; pero no se llega jamás sino a las apariencias, allí donde el objeto artificial es la razón única y superior de la acción, la necesidad que impone la necesidad. Todo el mundo ha podido sentir que sólo el trabajo que determina el deseo es realmente valedero. Cuando desaparece esta razón sobreviene la negligencia, la pena y la fealdad.

En nuestras sociedades la razón artificial del trabajo tiende a reemplazar por todas partes la imposición lógica y saludable de la necesidad, del deseo natural de conseguir un resultado, de realizar; la conquista del dinero aparece a los ojos de los hombres de nuestra época como el verdadero objeto del esfuerzo. Pero es lo cierto que la educación moderna no hace nada para reaccionar contra esa concepción perniciosa, sino todo lo contrario. Por eso aumenta de día en día la caza del dinero en sustitución del hermoso instinto del cumplimiento que se encuentra en los únicos hombres cuyas voliciones no hayan sido falseadas, a quienes ha quedado la razón normal del acto y que trabajan para realizar lo que han concebido, en un noble desprecio del dinero. ¿Cómo podría exigirse que unos individuos que han sido habituados desde la infancia a obrar por la voluntad ajena, bajo la opresión de la ley exterior, en vista de un resultado cuya importancia no comprenden -ya que la significación del trabajo se define sencillamente por el castigo y la recompensa- fuesen capaces de interesarse en lo que hace la belleza, la nobleza del esfuerzo humano, su lucha eterna contra las fuerzas ciegas de la Naturaleza?

La mala concepción de la educación ha causado la enfermedad orgánica de nuestras sociedades: la necesidad de llegar a ser algo, de gozar; el desprecio, el odio al trabajo; el ansia de la vida, que no sabe cómo satisfacerse; la hostilidad espantosa de los seres que se odian y tratan de destruirse mutuamente. Se ha olvidado que lo que es preciso defender y conservar a toda costa en el hombre es el juego natural de sus actividades, las cuales, todas, deben dirigirse y desplegarse hacia el exterior en el sentido de todo el esfuerzo social. ¡La lucha por la existencia! ¡Cómo se ha abusado de esa frase, y qué a propósito se ha venido para excusar tantas infamias! y también, ¡qué mal ha sido comprendida! Se entiende de manera que es hasta la negación de los principios naturales de la sociedad: en ninguna parte en la Naturaleza se encuentra ejemplo de la aberración que se la quiere hacer que exprese. No hay organismo, no hay colonia animal donde los elementos individuales traten de destruirse mutuamente; al contrario, todos juntos luchan contra las influencias hostiles del medio, y las transformaciones funcionales que se cumplen entre ellos son diferenciaciones necesarias, cambios saludables en la organización general, no destrucciones.

Ante todo, es preciso que la vida sea tal, llegue a ser tal, que el hombre trabaje y luche únicamente por ser útil a sus semejantes; para esto se necesita sencillamente que guarde y fortifique en sí mismo el instinto de defensa contra las fuerzas hostiles de la Naturaleza; que haya aprendido a amar el trabajo por los goces que procuran los cumplimientos queridos, propuestos y larga y obstinadamente trabajado para conseguirlos, que comprenda la extensión inmensa y la belleza sublime del esfuerzo humano. Nuestros grandes hombres, nuestros inventores, nuestros sabios, nuestros artistas, lo son porque han conservado la excelente cualidad de querer, no contra sus semejantes, sino para ellos. A los ojos de sus contemporáneos, pasan por seres extraños, y, siendo los que más en consonancia se hallan con el conjunto armónico de las leyes de la existencia, antes de alcanzar el éxito, son tenidos por visionarios.

Una educación racional será, pues, la que conserve al hombre la facultad de querer, de pensar, de idealizar, de esperar; la que está basada únicamente sobre las necesidades naturales de la vida; la que deje manifestarse libremente esas necesidades; la que facilite lo más posible el desarrollo y la efectividad de las fuerzas del organismo para que todas se concentren sobre un mismo objetivo exterior: la lucha por el trabajo para el cumplimiento que reclama el pensamiento.

Se renovarán, pues, por completo las bases de la educación actual: en lugar de fundar todo sobre la instrucción teórica, sobre la adquisición de conocimientos que no tienen significación para el niño, se partirá de la instrucción práctica, aquella cuyo objeto se le muestre claramente, es decir, se comenzará por la enseñanza del trabajo manual.

La razón de ello es lógica. La instrucción por sí, no tiene utilidad para el niño. No comprende por qué se le enseña a leer, escribir, y se les atesta la cabeza de física, de geografía o de historia. Todo eso le parece completamente inútil, y lo demuestra resistiéndose a ello con todas sus fuerzas. Se llena de ciencia, y lo desecha lo más pronto posible, y nótese bien que en todas partes, lo mismo en la educación moral y física que en la educación intelectual, la razón natural ausente se reemplaza por la razón artificial.

Se trata de fundar todo sobre la razón natural. Para esto nos bastará recordar que el hombre primitivo ha comenzado su evolución hacia la civilización por el trabajo determinado por la necesidad de lo necesario; el sufrimiento le ha hecho crear medios de defensa y de lucha, de donde han nacido poco a poco los oficios. El niño tiene en sí una necesidad atávica de trabajo suficiente para reemplazar las circunstancias iniciales, al que basta sencillamente con secundarle. Organícese el trabajo en su derredor, manténgase en él la disciplina lógica y legítima de su cumplimiento, y se llegará fácilmente a una educación completa, fácil y saludable.

No tendremos que hacer más que esperar que el niño venga a nosotros. Basta haber vivido un poco la vida del niño para saber que un irresistible deseo le impulsa al trabajo. ¡Y cuánto se hace para aniquilar en él esa buena disposición! ¿Quién osará después hablar de vicio y de pereza? Un hombre y un niño sanos tienen necesidad de trabajar: lo prueba la historia entera de la humanidad.

El niño abandona poco a poco el juego, que no es en sí más que una forma de trabajo, una manifestación innata de ese deseo de actividad que no ha encontrado dirección aún, o funda su razón de ser en el gusto atávico de la lucha subsistente desde los períodos primitivos de la vida humana; abandona el juego bajo el impulso de la necesidad que nace lentamente y del atractivo del ejemplo: se trabaja cerca de él y aspira con todas sus fuerzas al trabajo.

Entonces se interpone la influencia del educador; influencia oculta e indirecta; su ciencia de la vida le ayuda a comprender lo que sucede en el niño, a distinguir sus deseos, a suplir la incertidumbre y la inconsciencia de sus voluntades; sabe ofrecerle lo que pide; le basta estudiar la vida primitiva de los salvajes para saber lo que desea hacer.

Y en la continuación todo será fácil, natural, sencillo. El oficio tiene su lógica inflexible: conduce el trabajo mejor que lo podría hacerlo la alta ciencia; bastará que los profesores no le dejen desviarse hacia las imperfecciones del trabajo primitivo, hacia un esfuerzo de ignorante, sino que le impondrán tal como ha llegado a través de los progresos de los pueblos avanzados hasta la voluntad del niño, exigiendo de él el esfuerzo de una realización en la cual se entrelazarán todos los conocimientos humanos necesarios.

Fácilmente se comprende que todo oficio en nuestros días, para ser convenientemente conocido y ejercido, se acompaña de un trabajo intelectual que necesita los conocimientos que constituyen precisamente el conjunto de esta instrucción que al presente se limitan a inculcar teóricamente. A medida que el niño avance en su aprendizaje, se le presentará la necesidad de saber, de instruirse, y entonces se tendrá cuidado de no ahogar esa necesidad, sino que, al contrario, se le facilitarán los medios de satisfacerla, y entonces se instruirá lógicamente, en virtud de las necesidades mismas de su trabajo, teniendo siempre a la vista la causa determinante de su querer.

Es inútil insistir sobre la cualidad de semejante trabajo y los excelentes resultados que necesariamente ha de producir. Por la combinación de los oficios, podrán adquirirse los conocimientos necesarios a una educación mucho más fuerte y sana que la compuesta toda de apariencias que se da actualmente.

¿Dónde queda la imposición a todo esto? El educador pedirá sencillamente ayuda a la Naturaleza y donde quiera que halle dificultades indagará en qué pueda haberla contrariado; a ella confiará el cuidado de su disciplina y le será admirablemente conservada.

Trabajando así en la educación de los hombres es como infaliblemente puede esperarse una humanidad mejor empeñada en su tarea; conservando todo el vigor de su voluntad, toda su salud moral; marchando siempre hacia nuevos ideales; una humanidad no mezquinamente dedicada a una lucha estúpida, no sórdidamente sujeta a la hartura de sus apetitos, miserablemente entregada a sus vicios y a sus mentiras, triste, rencorosa, depravada, sino siempre amante, bella y alegre.

XVII. Clausura de la escuela moderna

He llegado al punto culminante de mi vida y de mi obra.

Mis enemigos, que lo son todos los reaccionarios del mundo, representados por los estacionarios y los regresivos de Barcelona en primer término y luego de toda España, se creyeron triunfantes con haberme incluído en un proceso con amenaza de muerte y de memoria infamada y con cerrar la Escuela Moderna; pero su triunfo no pasó de un episodio de la lucha emprendida por el racionalismo práctico contra la gran rémora atávica y tradicionalista. La torpe osadía con que llegaron a pedir contra mí la pena de muerte, desvanecida, menos por la rectitud del tribunal que por mi resplandeciente inocencia, me atrajo la simpatía de todos los liberales, mejor dicho, de todos los verdaderos progresistas del mundo, y fijó su atención sobre la significación y el ideal de la Escuela Moderna, produciendo un movimiento universal de protesta y de admiración no interrumpido durante un año, de mayo de 1906 a junio de 1907, que refleja la prensa de todos los idiomas de la civilización moderna de aquel período con sus artículos editoriales o de distinguida colaboración, o con la reseña de mítines, conferencias o manifestaciones populares.

En resumen, los encarnizados enemigos de la obra y del obrero fueron sus más eficaces cooperadores, facilitando la creación del racionalismo internacional.

Reconocí mi pequeñez ante tanta grandiosidad. Iluminado siempre por la luz inextinguible del ideal, concebí y llevé a la práctica la creación de la *Liga Internacional para la Educación racional de la Infancia*, en cuyas secciones extendidas ya por todo el mundo, se agrupan los hombres que representan la flor del pensamiento y la energía regeneradora de la sociedad, cuyo órgano es *L'École Renovée*, de Bruselas, secundado por el *Boletín de la Escuela Moderna*, de Barcelona, y *La Escuela Laica*, de Roma, que exponen, discuten y difunden todas las novedades pedagógicas encaminadas a depurar la ciencia de todo contacto impuro con el error, a desaparecer toda credulidad, a la perfecta concordancia entre lo que se cree y lo que se sabe y a destruir el privilegio de aquel esoterismo que desde los más remotos tiempos venía dejando el exoterismo para la canalla.

De esta recopilación del saber, efectuada por esa gran reunión del querer, ha de brotar la gran determinante de una acción poderosa, consciente y combinada, que dé a la revolución futura el carácter de manifestación práctica de aplicación sociológica, sin apasionamientos ni venganzas, ni tragedias terroríficas ni sacrificios heroicos sin tanteos estériles, sin desfallecimientos de ilusos y apasionados comprados por la reacción, porque la enseñanza científica y racional habrá disuelto la masa pupular para hacer de cada mujer y de cada hombre un ser consciente, responsable y activo, que determinará su voluntad por su propio juicio, asesorado por su propio conocimiento, libres ya para siempre de la pasión sugerida por los explotadores del respeto a lo tradicional y de la charlatanería de los modernos forjadores de programas políticos.

Lo que en la vía progresiva pierda la revolución de su característica dramática lo ganará la evolución en firmeza, estabilidad y continuidad, y la visión de la sociedad razonable, que entrevieron los revolucionarios de todos los tiempos y que prometen con certeza los sociólogos, se ofrecerá a la vista de nuestros sucesores, no como sueño de ilusorios utopistas, sino como triunfo positivo y merecido, debido a la eficacia altamente revolucionaria de la razón y de la ciencia.

La fama que adquirió la novedad educativa e instructiva de la Escuela Moderna fijó la atención de cuantos concedían importancia especial a la enseñanza, y todos quisieron conocer el nuevo sistema.

Había escuelas laicas particulares unas y sostenidas por sociedades otras, y sus directores y sostenedores quisieron apreciar la diferencia que pudiera existir entre sus prácticas y las novedades racionalistas, y constantemente acudían individuos y comisiones a visitar la Escuela y a consultarme. Yo satisfacía complaciente sus consultas, desvanecía sus dudas y les excitaba a que entraran en la nueva vía, y pronto se iniciaron los propósitos de reformar las escuelas creadas y de crear otras nuevas tomando por tipo la Escuela Moderna. El entusiasmo fué grande, hubo en él fuerza impulsiva capaz de realizar grandes empresas, pero surgió una dificultad grave, como no podía menos de suceder: faltaban maestros, y, lo que es peor, no había medio de improvisarlos. Los profesores titulares, siendo ya escasos los excedentes, tenían dos géneros de inconvenientes, la rutina pedagógica y el temor a las contingencias del porvenir, y fueron muy pocos, constituyendo honrosas excepciones, los que por altruismo y por amor al ideal se lanzaron a la aventura progresiva. Los jóvenes instruídos de ambos sexos que pudieran dedicarse a la enseñanza, constituían el recurso a que había de recurrir para salvar la grave deficiencia; pero ¿quién les había de iniciar el profesorado? ¿dónde habían de practicar su aprendizaje? Se me presentaban a veces comisiones de sociedades obreras y políticas anunciándome que habían acordado la implantación de una escuela; disponían de buen local, podían adquirir el material necesario, contaban con la Biblioteca de la Escuela Moderna, -¿tienen ustedes profesor? -les preguntaba yo, y me respondían negativamente confiados en que eso era cosa fácil de arreglar; -pues, como si no tuvieran nada; -les replicaba.

En efecto, constituído, por efecto de las circunstancias, en director de la enseñanza racionalista, por las constantes consultas y las demandas de los aspirantes al profesorado, vi palpablemente aquella gran falta, que procuré subsanar con mis explicaciones particulares y con la admisión de jóvenes auxiliares en las clases de la Escuela Moderna. En sus resultados ha habido de todo: hay actualmente profesores dignos que empezaron allí su carrera y siguen como firmes sostenedores de la enseñanza racional, y otros que fracasaron por incapacidad intelectual o moral.

No queriendo esperar a que los alumnos de la misma Escuela Moderna que se dedicaran al profesorado llegaran al tiempo indispensable para su ejercicio, instituí la Escuela Normal, de que se habla en otro lugar, convencido por la experiencia de que si en la Escuela científica y racional está la clave del problema social, para hallar esa clase se necesita, ante todo, preparar un profesorado apto y capaz para tan grandioso destino.

Como resultado práctico y positivo de cuanto queda expuesto, puedo asegurar que la Escuela Moderna de Barcelona fué un felicísimo ensayo que se distinguió por estos dos caracteres:

1º Dió la norma, aun siendo susceptible de perfeccionamientos sucesivos, de lo que ha de ser la enseñanza en la sociedad regenerada.

2º Dió el impulso creador de esa enseñanza.

No había antes enseñanza en el verdadero sentido de la palabra: había tradición de errores y preocupaciones dogmáticas, de carácter autoritario, mezclados con verdades descubiertas por los excepcionales del genio, que se imponían por su brillo deslumbrador, para los privilegiados en la Universidad; y para el pueblo había la Instrucción primaria, que era y es por desgracia, una especie de domesticación; la escuela era algo así como un picadero donde se domaban las energías naturales para que los desheredados sufrieran, resignados, la íntima condición a que se le reducía.

La verdadera enseñanza, la que prescinde de la fe, la que ilumina con los resplandores de la evidencia, porque se halla contrastada y comprobada a cada instante por la experiencia, que posee la infalibilidad falsamente atribuida al mito creador, la que no puede engañarse ni engañarnos, es la iniciada con la Escuela Moderna.

En su efímera existencia produjo beneficios notabilísimos: niño admitido en la escuela y en contacto con sus compañeros sufría rápida modificación en sus costumbres, como he observado ya: empezaba por ser limpio, dejaba de ser camorrista, no perseguía a los animales callejeros, no imitaba en sus juegos el bárbaro espectáculo llamado fiesta nacional, y, elevando su mentalidad y purificando sus sentimientos, lamentaba las injusticias sociales que de modo tan sensible, como llagas que por su abundancia y gravedad no pueden ocultarse; se ponen de manifiesto a cada instante. Del mismo modo detestaba la guerra, y no podía admitir que la gloria nacional, en vez de tomar por fundamento la mayor suma de bondad y felicidad de un pueblo, se fundara en la conquista, en la dominación y en la más inicua violencia.

La influencia de la Escuela Moderna, extendida por las demás escuelas que a modo de sucursales se fueron creando por la adopción de su sistema, sostenidas por centros y sociedades obreras, se introdujo en las familias por mediación de los niños, quienes iluminados por los destellos de la razón y de la ciencia, se convirtieron inconscientemente en maestros de sus mismos padres, y éstos, llevando esa influencia al círculo de sus relaciones, ejercieron cierta saludable difusión.

Por la extensión manifiesta de esa influencia se atrajo el odio de ese jesuitismo de hábito corto y largo que, como víboras en sus escondrijos, se cobija en los palacios, en los templos y en los conventos de Barcelona, y ese odio inspiró el plan que cerró la Escuela Moderna, cerrada aún, pero que en la actualidad reconcentra sus fuerzas, define y perfecciona su plan y adquiere el vigor necesario para alcanzar el puesto y la consideración de verdadera obra indispensable del progreso.

He aquí, lo que fue, lo que es y lo que ha de ser la Escuela Moderna.

www.ingramcontent.com/pod-product-compliance
Lightning Source LLC
Chambersburg PA
CBHW020931090426
42736CB00010B/1106